Gaston Courtois

QUANDO IL MAESTRO PARLA AL CUORE

Quaderni spirituali inediti
raccolti e presentati
da *Agnès Richomme*

SAN PAOLO

Piazza Soncino, 5 - 20092 Cinisello Balsamo (Milano)

www.edizionisanpaolo.it

Distribuzione: Diffusione San Paolo s.r.l.
Corso Regina Margherita, 2 - 10153 Torino

Progetto grafico: Ink Graphics Communication, Milano

Supplemento a Famiglia Cristiana di questa settimana
Direttore responsabile: Antonio Sciortino
Settimanale registrato presso il Tribunale di Alba il 7/9/1949 n. 5
P.I. SPA - S.A.P. - D.L. 353/2003 L. 27/02/04 N. 46 - a.1 c.1 DCB/CN

www.famigliacristiana.it

ISBN 978-88-215-7498-6

PRESENTAZIONE

dell'edizione italiana

Un anno e mezzo prima di morire, Padre Courtois aveva tratteggiato in un'immagine eloquente il suo modo di concepire il sacerdozio. Si trovava a Roma, per il giubileo sacerdotale di un confratello.

«Il sacerdote – disse in quell'occasione – dev'essere un Uomo di Dio, un Uomo degli Uomini, un Uomo della Chiesa».

Questa formula lapidaria può costituire una definizione della sua stessa vita.

Uomo di Dio. *Quest'uomo dalle idee sempre nuove, questo apostolo dalle innumerevoli iniziative era, soprattutto e anzitutto, l'uomo della preghiera. Egli si rinnovava continuamente nel «cuore a cuore» col Signore. Nessun impegno, pur urgente che apparisse, gli faceva rinunziare a quel «tempo forte» riservato a Dio che è l'orazione.*

Quest'uomo d'azione era un grande contemplativo, e ciò spiega la fecondità straordinaria di tutte le sue imprese. Sapeva e proclamava che «il sacerdote non potrebbe essere un uomo in tutto simile agli altri». Si sforzava di vivere, ed era solito dirlo, «in persona Christi». A quanti lo interpellavano ripeteva instancabilmente le stesse direttive: preghiera, orazione, giornata settimanale di silenzio, durante la quale, interrotta ogni attività, ci si «ricarica» di Dio per meglio esprimerlo e donarlo.

Uomo di Dio, certamente, in tutto il suo essere, si considerava un consacrato e regolava il suo modo di vivere su quel dono iniziale al suo Signore, in risposta a una chiamata precoce che egli stesso pone nel febbraio 1909, quando non era ancora dodicenne. Questa aspirazione a una vita di intimità con Dio, provata sin dall'adolescenza, crebbe insieme a lui, a tal punto che la preghiera fu il vero motore di tutta la sua azione pastorale.

Da molto tempo aveva preso l'abitudine di scrivere, «quasi sotto dettatura del Signore», i suoi quaderni: in tasca ne aveva sempre uno. Oltre a quanto Padre Courtois ha già diffuso nel mondo, attraverso un'abbondante produzione di opere, purtroppo in gran parte esaurite, si trova in questi quaderni l'espressione di rapporti più intimi con Colui che era il suo tutto. Anche se si schermiva di sentire qualsiasi «voce». «Esprimo solamente nel mio vocabolario – diceva – ciò che io credo che Egli voglia dirmi».

Uomo degli Uomini. *Vivendo per Dio nel modo più totale possibile alla condizione umana, Padre Courtois, per logica conseguenza, si mostrò sempre disponibile a tutti i bisogni degli uomini suoi fratelli. In questo spirito egli concepiva il suo sacerdozio: «Non è certo per noi che siamo stati ordinati sacerdoti, ma per gli altri», dichiarava. Lo spirito di servizio gli era quasi naturale, poiché traeva origine direttamente da Colui che ha dichiarato di essere venuto «non per essere servito, ma per servire».*

In questo spirito, ancora studente, trascinava i suoi compagni all'apostolato tra i ragazzi di un oratorio parigino.

Giovane sacerdote, radunò i suoi confratelli in un «Gruppo di aiuto sacerdotale» che si riuniva regolarmente per scambi fruttuosi.

Vice-parroco in una parrocchia popolare, lavorò col Padre Guérin alla fondazione della J.O.C. (Gioventù Operaia Cattolica) *francese.*

Entrato tra i Figli della Carità per realizzare meglio, nella vita religiosa, il «dono totale» al quale aspirava, e presto destinato all'organismo dell'Unione delle Opere Cattoliche di Francia, fondò il giornale «Coeurs Vaillants» (Cuori Valorosi) *– donde trasse origine il Movimento omonimo – seguito poi dal giornale «Ames Vaillaintes»* (Anime Valorose).

Preoccupato di aiutare le anime consacrate, predicò numerosi ritiri a sacerdoti e suore, e diede vita all'Unione delle Religiose Educatrici Parrocchiali.

Eletto Procuratore Generale del suo Istituto nel 1955, trascorse gli ultimi quindici anni della sua vita a Roma.

Chiamato, sin dal 1957, alla Congregazione «De Propaganda Fide» (attualmente detta «per l'Evangelizzazione dei popoli») quale membro permanente del Consiglio superiore della Propagazione della Fede, diventò nel 1960 Segretario Generale della Pontificia Unione Missionaria del Clero, e fondò, a tal titolo, i «Documents-Omnis Terra», che ancor oggi si pubblicano a Roma in tre lingue.

Uomo degli uomini, Padre Courtois lo era sia sul piano personale sia su quello delle grandi realizzazioni. Lo ha sottolineato il Card. Garrone, nell'omelia tenuta alla messa delle sue esequie: «L'amicizia del Padre Courtois era immediata, universale, sempre fervorosa. Poteva persino stupire, proprio per tale fervore, spesso inatteso. Ma era impossibile contestare, anche per un attimo, la sincerità, e la prima occasione forniva la prova che il suo cuore non mentiva e che era capace di ogni sacrificio».

Quante persone potrebbero confermare questa testimonianza autorevole! Il Padre Courtois era la benevolenza personificata, sempre pronto, nella gioia, ad aiutare quanti si rivolgevano a lui, anche se sconosciuti. Si può dire che mettesse in pratica, in modo del tutto naturale, la formula: «Ogni uomo è mio fratello». Questa benevolenza e questa amicizia universali, che furono sue caratteristiche, portavano il Padre a non permettere mai che la critica o la maldicenza si esprimessero dinanzi a lui. Riusciva abilmente a deviare la conversazione e all'occorrenza tagliava corto. Un tale profondo amore, attinto al Cuore stesso di Dio, si esprimeva in tutti i modi e in tutte le occasioni.

Uomo degli uomini, Padre Courtois apprezzava il detto: «Nulla di quello che è umano mi è estraneo». Educatore nato, applicava le leggi della psicologia. Tra le sue numerose opere, «Pour réussir auprès les enfants», «L'art d'élever les enfants d'aujord'hui», «L'art d'etre Chef», «L'École des Chefs»[1] *sono miniere alle quali ancor oggi si può attingere con efficacia. Pur insistendo instancabilmente sullo spirito di preghiera, che nulla può sostituire, consigliava con insistenza di chiedere fedelmente la grazia «di un giudizio retto, di un buon senso solido, di un equilibrio perfetto», valori questi di cui egli era abbondantemente provvisto. Coltivava il buon umore, frutto dell'intima gioia di amare Dio e di servirlo.*

[1] Sono state tutte tradotte in italiano ottenendo grandissimo successo: *Per "riuscire" con i fanciulli*, Acqua Viva, Brescia; *L'arte di educare i fanciulli d'oggi*, Edizioni Paoline, 18ª ed., Roma 1978; *L'arte di essere a capo* e *La scuola dei capi*, Ancora, Milano.

Uomo della Chiesa. *«È nella Chiesa, con la Chiesa, e per la Chiesa che noi preti realizziamo la nostra missione», diceva nel 1969.*

Così aveva sempre pensato, e le scosse che già allora si facevano sentire non appannavano in alcun modo la fiducia e l'amore che egli professava per la Chiesa di Gesù Cristo. «È bene per noi, diceva ancora, in momenti come questi, in cui si critica la Chiesa con tanta facilità e carenza di senso storico... fare tutt'uno con essa, affermare la nostra fierezza di appartenerle, ridire la nostra gioia di poter lavorare vicino al suo Capo».

Uomo leale, Padre Courtois riteneva normale spingersi fino in fondo ai suoi impegni; la sua fedeltà era senza sbavature. Il suo naturale ottimismo gli faceva superare le contingenze e lo legava alla unica verità che ne valesse la pena: «Non c'è Gesù Cristo da un lato e la Chiesa dall'altro. Essa è qualcosa di Lui. Anzi, è misticamente il suo Corpo in stato di crescita, nutrito e vivificato da Lui nella misura in cui ciascuno accetta di esserlo, ma ciascuno al suo posto, secondo la sua funzione, nel suo, ruolo complementare per il bene di tutto il Corpo».

Il senso missionario del Padre Courtois diventò molto intenso durante gli anni della sua permanenza a Roma. Non rifiutando nessuno dei lunghi viaggi (malgrado i preavvisi del male che lo avrebbe condotto alla tomba), andava e riandava dall'America all'Africa, continenti che percorse numerose volte, portando, col suo sorriso aperto, un conforto sicuro a tutti coloro che lavoravano nella evangelizzazione, in condizioni spesso difficili. Anche il Medio Oriente lo vide spesso, e non sono ancora stati dimenticati i sostanziosi ritiri spirituali da lui predicati. La sua fraterna dedizione alla Chiesa greco-melchita gli valse il titolo di Grande Iconomos e il Patriarca d'allora, Maximos IV, lo designava col titolo affettuoso di «figlio dell'Occidente con cuore Orientale».

Un filo direzionale legava intimamente tutte le iniziative del Padre Courtois e fecondava tutte le sue attività: il bisogno di far conoscere e amare Dio.

Di questi quaderni, *quasi materializzazione del suo costante «ascolto di Dio» (titolo, anche questo, di un suo libro), egli non era avaro e, secondo l'occasione, ne comunicava alcuni brani. Sembra finanche che intravedesse l'eventualità di una loro pubblicazione, come risulta da queste righe che vi si trovano:*

«Devi cogliere le idee che metto in te ed esprimerle nel tuo vocabolario, a mano a mano che te le ispiro. Altrimenti svaniranno nella nebbia dell'oblio. Se le faccio sorgere nel tuo spirito, è anzitutto per te stesso, poiché ti aiuteranno a pensare come penso io, a vedere le cose come le vedo io, a tradurre i segni dei tempi come voglio essere

compreso nel chiaroscuro della fede. E poi ci sono tutti i tuoi fratelli e tutte le tue sorelle in umanità. Ciascuno ha bisogno della luce che io ti dono».

«Ai piedi del Maestro» era il titolo generale che egli, dapprima, aveva dato a questi quaderni. Tuttavia, in uno degli ultimi (1967-1968), ha scritto in copertina quest'altro titolo: «Quando il Maestro parla al cuore». Per la pubblicazione, abbiamo scelto quest'ultimo titolo, pensando, in tal modo, di rispettare meglio la sua intenzione.

Era difficile raggruppare queste note seguendo un piano determinato. Infatti, ogni «conversazione» trattava assai spesso vari argomenti, che si completavano compenetrandosi. Tuttavia, per rendere più facile l'uso, si è cercato di suddividerli sotto alcuni titoli generali.

Conviene aggiungere che, essendo la materia molto abbondante (otto quaderni di 200 pagine ciascuno e pieni di scrittura fitta), siamo stati costretti a scegliere, e questo, come si sa (e come il Padre era solito ripetere), «significa sempre sacrificare qualcosa». C'erano del resto, in queste pagine, molte ripetizioni. Forse si dirà che ne rimangono ancora. Ma, pur se, di fatto, le stesse idee ritornano con una certa costanza – cosa naturale, dopotutto, in un uomo in cui la vita spirituale era di una grande semplicità – l'espressione che caratterizza questi «colloqui» presenta una diversità di colorazione abbastanza ricca e che può essere feconda.

Del resto, quando si ama, non si trova forse il mezzo di ripeterlo in mille modi, anche con le medesime parole? Ebbene, ripetiamolo, il Padre Courtois non ha voluto e non ha cercato se non questo: amare il Signore quanto meglio era possibile, e lavorare con tutte le sue forze a farlo amare.

Possa questo messaggio postumo continuare quella che fu l'opera di tutta la sua vita!

AGNÈS RICHOMME

ASCOLTAMI E PARLAMI

Ascolta. Comprendi. Raccogli. Assimila. Metti in pratica. È difficile, lo so, darmi ascolto quando la testa è piena di chiasso. È necessario il silenzio, è necessario il deserto. Si ha terrore dell'aridità e del vuoto. Ma se tu sei fedele, se perseveri, lo sai, il tuo Diletto farà sentire la sua voce, il tuo cuore brucerà e questo ardore interiore ti darà la pace e la fecondità. Allora assaporerai fino a che punto il tuo Signore è *soave*, fino a che punto il suo peso è leggero. Esperimenterai, al di là del tempo che consacrerai esclusivamente a me, la realtà del *Dilectus meus mihi et ego illi*.

Più si moltiplicheranno, malgrado gli ostacoli, malgrado le ripugnanze o le tentazioni di viltà, i momenti in cui mi cerchi e mi trovi per ascoltarmi, più la mia risposta diventerà sensibile, più il mio Spirito ti animerà e ti suggerirà non soltanto ciò che ti chiedo di dire, ma ciò che ti offro di fare: davvero, allora, quello che dirai e farai sarà fruttuoso.

La mia Parola e la luce che ne deriva danno il giusto posto a tutte le cose nella sintesi del mio immenso amore, in funzione dell'eternità, ma senza diminuire in nulla il valore di ogni essere e di ogni avvenimento.

La tua missione non consiste soltanto nel cercare di inserirmi in ogni realtà umana, ma di facilitarmi l'assunzione di ogni realtà umana affinché la consacri alla gloria del Padre mio.

Guardami. Parlami. Ascoltami.

Io non sono soltanto testimone di verità, ma la Verità.

Io non sono soltanto canale di vita, ma la stessa Vita.

Io non sono soltanto raggio di luce, ma la stessa Luce.

Chi comunica a me comunica alla Verità. Chi riceve me riceve la Vita. Chi segue me cammina su una strada di luce, e la luce che sono lo cresce in lui.

Sì, parlami spontaneamente di tutto ciò che ti preoccupa. Io lascio un largo spazio alla tua iniziativa. Non credere che ciò che ti riguarda mi possa lasciare indifferente poiché tu sei qualcosa di me. L'essenziale per te sta nel non dimenticarmi, nel rivolgerti a me con tutto l'amore e con tutta la fiducia di cui sei attualmente capace.

Io ti parlo nell'intimo dell'anima, in quelle regioni in cui la tua mentalità si arricchisce comunicando alla mia. Non è necessario che tu distingua subito e con chiarezza quello che ti dico. L'importante è che il tuo pensiero si impregni del mio. Dopo potrai tradurre ed esprimere.

Sono da compiangere coloro che non mi capiscono mai e inaridiscono miserevolmente. Ah! se si avvicinassero a me con un'anima di fanciullo! *Ti rendo grazie, o Padre, poiché hai nascosto queste cose ai superbi e le hai rivelate ai piccoli e agli umili*. Se qualcuno si sente piccolo, venga a me e beva. Sì, beva il latte del mio pensiero.

Sii maggiormente in ascolto. Soltanto io posso darti quella luce di cui hai un così urgente bisogno. Nella mia luce il tuo spirito si fortificherà, i tuoi pensieri si chiariranno, i problemi si avvieranno a soluzione.

Vorrei servirmi di te in modo più pieno. Per questo, orienta continuamente la tua volontà verso di me. Spogliati di te stesso. Fatti una mentalità di membro che ha soltanto me come ragione e scopo della vita.

Chiamami in aiuto, con dolcezza, con calma, con amore. Non credere che io rimanga insensibile alle delicatezze dell'affetto. Tu mi ami, certamente; ma provamelo di più.

Raccontami la tua giornata. Certo io già la conosco, ma mi piace sentirtela narrare, come alla madre piace il chiacchierio del suo bambino al ritorno da scuola. Esponimi i tuoi desideri, i tuoi progetti, i tuoi fastidi, le tue difficoltà. Forse che non sono in grado di aiutarti a superarli?

Parlami della mia Chiesa, dei vescovi, dei confratelli, delle missioni, delle suore, delle vocazioni, dei malati, dei peccatori, dei poveri, degli operai; sì, di quella classe operaia che ha troppe virtù per non essere cristiana, almeno nel fondo del cuore. Non è forse presso gli operai, spesso derisi, spesso soffocati dalle preoccupazioni e dai contrattempi, che si trova la maggiore generosità e la maggiore disponibilità al rispondere «sì» ai miei appelli, quando non sono resi inudibili dalla cattiva testimonianza di coloro che si fregiano del mio nome?

Parlami di tutti coloro che soffrono nel loro spirito, nella loro carne, nel loro cuore, nella loro dignità. Parlami di tutti coloro che muoiono in questo momento, di quelli che stanno per morire e lo sanno e ne sono terrorizzati, oppure sono sereni, e di tutti coloro che stanno per morire e non lo sanno.

Parlami di me, della mia crescita nel mondo e di quella che io opero nell'intimo dei cuori; e di ciò che realizzo in cielo a gloria del Padre mio, di Maria e di tutti i beati.

Hai delle domande da farmi? Non esitare. Io sono la chiave di tutti i problemi. Non ti darò la risposta immediatamente, ma se la tua domanda parte da un cuore che ama, la risposta. verrà nei giorni successivi, sia per l'intervento del mio Spirito, sia attraverso gli avvenimenti.

Hai qualche desiderio da formulare, per te, per gli altri, per me stesso? Non temere di chiedermi troppo.

Così facendo affretterai in una certa misura, seppure invisibile, l'ora dell'assunzione in me di tutta l'umanità e farai elevare il livello dell'amore e della mia presenza nel cuore degli uomini.

Come per Maria Maddalena al mattino di Pasqua, il mio cuore ti chiama continuamente per nome; sono in ansia per la tua risposta. Io dico il tuo nome sottovoce e aspetto il tuo *ecce adsum*: «eccomi», in testimonianza della tua attenzione e della tua disponibilità.

Ho ancora molte cose da farti capire e su questa terra non ne conoscerai se non una piccola parte. Ma per capire tali verità, per quanto limitate, è necessario che tu mi venga maggiormente incontro. Se ti rendessi più accogliente ti parlerei di più. Essere accogliente significa essere anzitutto umile, considerarsi come un ignorante che ha molto da imparare. Significa rendersi disponibile per venire ai piedi del Maestro e soprattutto vicino al suo cuore, dove si capisce tutto senza bisogno di formule. Significa essere attenti ai movimenti della grazia, ai segni dello Spirito Santo, al soffio misterioso del mio pensiero.

Continua a conversare con me anche dopo i nostri incontri in cappella. Pensa che sono presente vicino a te, con te, in te: pur svolgendo le tue mansioni, getta di tanto in tanto uno sguardo carico d'amore verso di me. Non è certo questo, lo sai bene, che disturberà la tua attività e il tuo apostolato. Non è forse nella misura in cui sarò nel tuo spirito che vedrai i tuoi fratelli con i miei occhi e li amerai con il mio cuore?

Che la tua vita sia una conversazione senza interruzioni con me. Oggi si parla molto di dialogo. Perché non dialogare con me? Non sono forse presente dentro di te, vigile ai movimenti del tuo cuore, attento ai tuoi pensieri, interessato ai tuoi desideri? Parlami con molta semplicità, senza badare a costruire le frasi. lo apprezzo molto di più quello che vuoi esprimere che non le parole adoperate per farlo.

Io sono il Verbo. Colui che è, di continuo e nel silenzio, in stato di Parola. Se si sapesse davvero fare attenzione, si riconoscerebbe la mia Voce nelle cose più umili della natura come nelle più grandi, attraverso gli esseri più diversi, attraverso le circostanze più normali. È questione di fede, e questa fede me la devi chiedere per tutti gli uomini tuoi fratelli che non ne hanno ricevuto il dono, o che l'hanno perduto. È soprattutto questione di amore. Se viveste maggiormente per me, che non per voi stessi, verreste attratti dal leggero sussurro della mia Voce interiore e l'intimità con me potrebbe stabilirsi più facilmente.

Invocami come la Luce che può illuminare il tuo spirito, come il Fuoco che può infiammare il tuo cuore, come la Forza che può espandere le tue energie. Chiamami soprattutto come l'Amico che desidera condividere con te tutta la tua vita, come il Salvatore che desidera purificare l'anima tua dall'egoismo, come il tuo Dio che aspira ad assumerti in Sé fin da quaggiù, in attesa di accoglierti nella pienezza della luce dell'Eternità.

Chiamami. Amami. Lasciati invadere dalla certezza di essere amato con passione, così come sei, con tutti i tuoi limiti e le tue debolezze, per diventare quale io ti desidero, brace incandescente di carità divina. Allora penserai istintivamente a me e agli altri più che a te, vivrai naturalmente per me e per gli altri prima di vivere per te, nell'ora delle piccole decisioni quotidiane sceglierai per me e per gli altri invece che per te: vivrai in comunione divina con me e in comunione universale con gli altri... identificato con me e al tempo stesso con gli altri. Allora mi consentirai di svolgere in modo migliore il collegamento tra il Padre dei cieli e i fratelli della terra.

Parla a me prima di parlare di me. Parlami con semplicità, con familiarità e con il sorriso sulle labbra: *Hilarem datorem diligit Deus*. Quelli che parlano di me senza che sia io a parlare in loro, che cosa possono dire di me? Si hanno di me tante idee false, persino tra i cristiani, quanto più tra coloro che dicono di non credere in me.

Non sono un carnefice, né un essere spietato. Ah! se si agisse con me come con una persona viva, intima e amante! Vorrei essere l'amico di tutti, ma quanto pochi sono coloro che mi trattano da Amico! Mi giudicano e mi condannano senza conoscermi! Sono espulso dai loro orizzonti. Per essi, nella realtà non esisto, eppure sono presente e non tralascio di colmarli di ogni sorta di benefici senza che se lo immaginino. Tutto ciò che essi sono, tutto ciò che essi hanno, tutto ciò che fanno di bene lo devono a me.

Soltanto coloro che hanno fatto il silenzio in se stessi mi ascoltano.

Silenzio dei demoni interiori che si chiamano l'orgoglio, l'istinto di potenza, lo spirito di dominio, lo spirito di aggressività, l'erotismo sotto qualsiasi forma che oscura lo spirito e indurisce il cuore.

Silenzio delle preoccupazioni secondarie, degli affanni indebiti, delle evasioni sterili.

Silenzio delle dispersioni inutili, della ricerca di se stesso, dei giudizi temerari.

Ma questo non basta. Devi anche desiderare che il mio pensiero penetri il tuo spirito e si imponga con soavità alla tua intelligenza.

Soprattutto, né impazienza, né agitazione, ma molta concentrazione e disponibilità, con la piena buona volontà di custodire la mia Parola e di attuarla. Essa è semente di verità, di luce, di felicità. Essa è semente di eternità che trasfigura le cose e i gesti più umili della terra.

Quando è stata assimilata, assaporata, gustata profondamente, non se ne può più dimenticare il valore e il gusto: se ne capisce il prezzo e si è pronti a sacrificarle molte cose che sembravano necessarie.

DIMORA IN ME E ACCOGLIMI

Io compio la mia opera di pace e di amore nella Chiesa attraverso le anime di orazione, docili alla mia azione.

Orazione: pensare a Dio amandolo.

1. Dialogo degli occhi.
2. Dialogo dei cuori.
3. Dialogo dei desideri
   con ciascuna delle Persone della Trinità.

PADRE

1. *a)* Immerso in Gesù, Figlio dell'eterno Padre, contemplare il Padre con disponibilità, azione di grazie, amore.

b) Il Padre mi vede nel suo Figlio: *Hic est Filius meus dilectus*; vede tutte le anime legate alla mia, nella sintesi del piano di amore, e vede anche tutta la mia miseria. *Kyrie eleison!*

2. *a)* Immerso in Gesù, in comunione con i suoi sentimenti, io amo il Padre. Non dico nulla, amo. *Abba, Pater! Laudamus te, propter magnam gloriam tuam.*
b) Il Padre mi ama. Lasciarmi amare dal Padre. *Ipse prior dilexit nos.* Dio ha tanto amato il mondo.

3. *a)* Desiderio del Padre, in unione con Gesù: dono della salute fisica e morale, intellettuale e apostolica.
b) Che volete che io vi faccia? *Veni et vide. Ora et labora.* - Sii sereno, sii gioioso, sii fiducioso.

FIGLIO

1. *a)* Vedere Gesù nei suoi misteri.
b) Egli vede la mia miseria, povertà, indigenza. *Christe eleison!*

2. *a)* Amare Gesù con tutta la mia anima, con tutto il mio cuore, con tutte le mie forze, in unione con Maria, gli angeli e i santi. Amore consolatore, riparatore.

b) Lasciarmi amare da lui: *Dilexit me et tradidit semetipsum pro me*.

3. *a)* Ciò che desidero: che Egli faccia di me *alter Christus e alter minister Christi*.
b) Lasciarmi dirigere come lui vuole: disponibilità, docilità, adesione.

SPIRITO SANTO

1. *a)* Contemplare tutto ciò che lo Spirito Santo compie, dona e perdona nel mondo. Tutto ciò che purifica, ispira, illumina, infiamma, fortifica, unisce, feconda.
b) Mostrare la mia miseria. *Kyrie eleison!* Supplicarlo di smuovere gli ostacoli alla realizzazione del piano del Padre.

2. *a)* Amare l'Amore. *Ignis ardens*.
b) Lasciarmi infiammare da lui. *Caritas Dei diffusa est in cordibus nostris per Spiritum Sanctum*.

3. *a)* Chiedere il dono dell'orazione profonda dell'amplesso interiore.
b) Lasciarmi invadere da lui. Chiamarlo. Offrirmi. Riempirmi.

È molto utile vivere dei tempi forti durante i quali la mia presenza diventa percettibile alla tua anima.

La prima cosa, è di chiedermi più intensamente di spogliarti da tutto ciò che impedisce di ascoltare, intendere, raccogliere, assimilare, mettere in pratica la mia Parola. Infatti io sono in te Colui che ti parla. Ma tu non puoi capirmi se non mi ascolti. Puoi ascoltarmi soltanto se il tuo amore è davvero puro da ogni ripiegamento su te stesso e assume le caratteristiche di un amore oblativo in comunione col mio.

La seconda cosa, è di essere fedele nel consacrarmi in esclusiva alcuni tempi forti nell'intimo di te stesso, laddove io sono e vivo con una presenza sempre attuale, sempre operante e amorosa.

La terza, è di sorridermi di più. Lo sai, io amo colui che dona e si dona col sorriso. Sorridimi. Sorridi a tutti. Sorridi a tutto. Nel sorriso è presente, più di quanto tu non lo creda, la grazia espressiva del vero amore fatto del dono di sé, e più tu lo doni, più io in cambio mi dono a te.

Non devi vivere soltanto dinanzi al Signore, ma nel tuo Signore. Più agirai così, sforzandoti di non avere altri sentimenti che i miei, e più prenderai coscienza del meraviglioso scambio che attraverso di me ti unisce alla Trinità intera, a tutti i santi e a tutti i membri del mio corpo mistico. Tu non sei mai solo. La tua vita è essenzialmente comunitaria.

Pensa, prega, agisci in me. Io in te, tu in me. Lo sai, è questo il mio desiderio di intimità con te. Io sto di continuo alla porta della tua anima e busso. Se ascolti la mia voce e mi spalanchi la porta, allora entro in casa tua e ceniamo insieme. Non preoccuparti del menù. Ogni volta provvedo io al banchetto e la mia gioia sta nel vederlo assaporare in modo da essere sempre più idoneo a donarmi ai tuoi fratelli. Pensa a loro pensando a me. Raccoglili nella tua preghiera, dandoti a me. Assumili lasciandoti assorbire in me.

Vivi con me come con l'Amico che mai si abbandona. Non mi lasciare con la volontà, non mi lasciare col cuore, cerca di lasciarmi il meno possibile anche con la tua mente.

Sii attento alla mia Presenza, al mio Sguardo, al mio Amore, alla mia Parola.

Alla mia Presenza. Sai bene che sono presente vicino a te, in te e negli altri. Ma altro è saperlo, altro è provarlo. Chiedimi spesso questa grazia. Essa non sarà rifiutata alla tua preghiera umile e perseverante. Essa è l'espressione più concreta di una fede viva e di una carità ardente.

Al mio Sguardo. Sai bene che i miei occhi non si distolgono da te. Se potessi vedere questo mio sguardo pieno di bontà, di tenerezza, di desiderio, attento alle tue scelte profonde, sempre benevolo, incoraggiante, pronto a sostenerti e ad aiutarti! Ma ecco: tu lo devi incontrare nella fede, desiderarlo nella speranza, prediligerlo nell'amore.

Al mio Amore. Sai bene che sono l'Amore, ma lo sono ancor di più di quanto tu lo sappia. Adora e abbi fiducia. Le sorprese che ti riservo sono molto più belle di quanto tu possa immaginare. Il tempo del dopo-morte sarà quello della vittoria del mio Amore su tutti i limiti umani, purché non siano stati deliberatamente voluti come ostacolo contro di esso. Sin da oggi, chiedimi la grazia di una percezione più acuta, più intuitiva di tutte le delicatezze del mio immenso Amore verso di te.

Alla mia Parola. Tu sai che io stesso sono in te colui che parla, colui del quale la Parola è Spirito e Vita. Ma a che serve parlare e manifestare le ricchezze del Padre, se l'orecchio del tuo cuore non è attento ad ascoltare, in modo da accoglierle e assimilarle? Tu conosci il mio modo di parlare, attraverso le idee che faccio sbocciare nel tuo spirito sotto l'influsso del mio. In partenza devi essere fedele al mio Spirito. All'arrivo, devi essere attento a raccoglierne la divina rugiada. Allora la tua vita sarà feconda.

Il tempo che passi a esporre la tua anima alle divine radiazioni dell'Ostia ti vale di più dei lavori eseguiti febbrilmente al di fuori di me.

È dall'interno che io governo il mondo, grazie alle anime fedeli nell'ascoltarmi e nel rispondermi. Ce ne sono molte migliaia sparse nel mondo. Esse mi procurano grande gioia, ma sono ancora troppo poco numerose. Il bisogno di *cristificazione* dell'umanità è immenso e gli operai poco numerosi.

Quanto sarebbe al tempo stesso più semplice e più feconda la tua vita, se tu mi lasciassi nel tuo spirito e nel tuo cuore tutto il posto che io desidero occupare! Tu brami la mia venuta, la mia crescita, la mia presa di possesso, ma bisogna che tutto ciò non rimanga un desiderio astratto.

Anzitutto, renditi conto che non sei nulla e non puoi nulla da te stesso per aumentare di un solo grado l'intimità della mia presenza in te. Me la devi chiedere umilmente, in unione alla Vergine Madre.

Poi, secondo tutta la misura della grazia che ti è concessa, non perdere nessuna occasione per unirti esplicitamente a me, per nasconderti in me. Penetra in me con fiducia e poi lasciami agire attraverso di te.

Non è per scherzo che ho affermato: «Voglio che si senta la mia Vita palpitare di te. Voglio che si senta il mio amore bruciare nel tuo cuore». E stamattina aggiungo: «Voglio che la gente veda brillare nel tuo spirito la mia luce». Ma ciò presuppone che il tuo io si eclissi quanto più è possibile.

Il mio sguardo su di te è verace, lucido, profondo. Non sfuggirlo, ricercalo. Ti aiuterà a scoprire quanto attaccamento e quanta. ricerca personale rimangono in te. Ti stimolerà a dimenticarti sempre di più per gli altri.

Bisognerebbe che tu non sapessi fare a meno di me in modo che io riesca a passare attraverso di te tanto quanto il mio cuore desidera. Ma la natura umana è fatta così che, se non è stimolata di continuo, rallenta il suo sforzo e disperde la sua attenzione. Questo spiega la necessità di una continua ripresa di contatto con me. Finché sei su questa terra, non c'è mai nulla di acquisito, bisogna continuamente ricominciare. Ma ogni nuovo slancio è come una rinascita e un crescere nell'amore.

Desiderami. Non sono io Colui che risponde pienamente alle aspirazioni che io stesso ho posto nel tuo cuore?

Desiderami. Verrò in te. Crescerò in te. Eserciterò il mio dominio su di te secondo il tuo desiderio.

Desiderami. Perché volere altra cosa che non sia vivere in intimo scambio con me? Quanto sono futili e dispersivi tutti i desideri che non convergono in me!

Desiderami. Sì, in tutte le tue occupazioni, dall'alba al tramonto, nella preghiera e nel lavoro, nel cibo, nel riposo, fammi sentire ora fortemente, ora in modo sfumato, l'intensità del tuo desiderio.

Desiderami. Che il tuo petto mi aspiri, che il tuo cuore mi cerchi, che tutto il tuo essere mi brami.

Desiderami per te, poiché senza di me non puoi fare nulla di efficace e di utile sul piano dello spirito.

Desiderami per gli altri, poiché mi comunicherai con le tue parole, i tuoi esempi, i tuoi scritti solo nella misura in cui sarò io ad agire attraverso di te.

Vivi in me: tu vivrai per me, agirai effettivamente per me, e i tuoi ultimi anni serviranno efficacemente alla mia Chiesa.

Abita in me come nella tua dimora preferita. Ricòrdati: *Colui che dimora in me... porta molto frutto*.

Abita la mia preghiera. Penetra nel flusso incessante dei desideri, delle lodi, dell'azione di grazie che emana dal mio Cuore.

Abita la mia volontà. Unisciti alla mia volontà su di te e a tutti i miei disegni d'amore.

Abita le mie piaghe. Esse sono sempre vive fino a quando il mondo non sarà interamente riconciliato in me. Attingi in esse la forza del sacrificio e delle scelte dolorose in nome dei tuoi fratelli. Le tue decisioni possono essere decisive per molte anime.

Abita il mio cuore. Lasciati infiammare dal suo calore di carità. Ah, se davvero tu potessi diventare incandescente!

PENSA A ME

Pensa un po'più spesso alle cose che mi rallegrano: la mia venuta nelle anime dei bambini, la purezza dei loro cuori e dei loro sguardi, i loro sacrifici d'amore a volte tanto generosi, la semplicità e la totalità del dono di se stessi. Io mi effondo in numerose anime di bambini nelle quali non c'è ancora nebbia nociva che offusca il cristallo della loro innocenza, poiché dei buoni educatori hanno saputo condurli, guidarli, incoraggiarli verso di me.

Chi mi rallegra è il sacerdote fedele allo Spirito Santo e alla Madre mia, che ha acquisito progressivamente una percezione quasi costante della mia presenza e agisce in conseguenza. Chi mi rallegra sono, in tutti gli ambienti e in tutti i paesi, le anime semplici, che non danno adito all'orgoglio, che non si preoccupano della loro persona, che non pensano tanto a se stesse quanto agli altri, in una parola, che si dimenticano spontaneamente per vivere al servizio del mio amore.

Amami come voglio essere amato e che ciò si senta. Ama i fratelli come voglio che li ami e che ciò si senta. Distàccati da te stesso, decèntrati da te per centrarti su di me e che ciò si senta!

Non dimenticarmi. Se sapessi quanto spesso vengo dimenticato, persino dai miei migliori amici, persino da te! Chiedimi spesso la grazia di non dimenticarmi. Tu intuisci quale arricchimento procurerebbe a un'anima, e per mezzo suo a tutte le anime che dipendono da lei, il fatto di non dimenticarmi mai, almeno per quanto le circostanze glielo permettono.

Non dimenticare la mia presenza vicino a te, in te, nel prossimo, nell'Ostia.

Il fatto di ricordarti della mia presenza trasfigura tutto ciò che fai: tu illumini di luce divina i tuoi pensieri, le tue parole, le tue azioni, i tuoi sacrifici, le tue pene e le tue gioie.

Non dimenticare i miei desideri:

– quelli che riguardano la gloria del Padre mio, l'avanzamento del mio Regno nel cuore degli uomini, la santificazione della mia Chiesa;

– quelli che riguardano te, ossia quelli che riguardano la realizzazione dei voleri del Padre su di te... il suo progetto eterno nei tuoi riguardi, riguardo al tuo posto nella storia sacra dell'umanità.

Io ti guido. Sii nella pace, ma non dimenticarmi. Io sono colui che tutto trasforma e tutto trasfigura non appena mi si chiama in aiuto. Quando mi inviti ad unirmi a te, tutto ciò che operi o tutto ciò che soffri assume un valore speciale, un valore divino. Profittane, dunque, poiché questo dà alla tua vita un'autentica dimensione di eternità.

A volte devi scuoterti per non lasciarti riassorbire dai tuoi problemi personali. Io agisco continuamente in te e con te, allevio l'incertezza e la lotta della tua vita ogniqualvolta mi inviti a farlo. Non credere che ciò che ho da chiederti sia tanto difficile. Voglio guidarti più con questa comunione costante e amorosa alla mia divina Presenza in te, che non con sofferenze sopportate eroicamente.

Condividi tutto con me. Inseriscimi in tutto ciò che fai. Chiedimi più spesso aiuto e consiglio. Raddoppierai la tua gioia interiore, poiché io sono sorgente zampillante di viva gioia. Che peccato che io venga presentato come un essere austero, inumano, contristante! La comunione al mio amore oltrepassa tutte le pene e le trasfigura in gioie calme e rasserenanti.

Cerca costantemente di farmi piacere. Sia questo l'orientamento essenziale del tuo cuore e della tua volontà. Io sono più sensibile di quanto non si pensi alle piccole delicatezze e alle attenzioni costanti.

Se sapessi fino a qual punto ti amo, non avresti mai paura di me. Ti getteresti perdutamente nelle mie braccia. Vivresti nell'abbandono fiducioso alla mia immensa tenerezza e soprattutto, pur tra le attività più assorbenti, non potresti dimenticarmi mai e compiresti ogni cosa in me.

Per ascoltare la mia voce devi metterti in una disposizione di animo che faciliti l'accordo dei nostri pensieri.

1. Anzitutto, apri lealmente la tua anima verso di me: lealmente, ossia senza reticenza, con il desiderio intenso di ascoltarmi, con la volontà di compiere i sacrifici che il mio Spirito ti potrà suggerire.
2. Bandisci energicamente dal tuo spirito tutto ciò che non è me e non è secondo me. Allontana le preoccupazioni inutili e inopportune.

3. Umiliati. Di'a te stesso – e devi ricordartelo spesso che da te solo non sei NULLA – che tu non sei capace di alcun bene, di nessuna opera profondamente feconda e duratura.
4. Risveglia in te tutto l'amore di cui ti ho reso capace. In conseguenza della tua vita esteriore, la brace tende a raffreddarsi. Bisogna ravvivare con regolarità il fuoco del tuo cuore e, per fare questo, getta in esso con generosità i rametti dei tuoi sacrifici; invoca sovente l'aiuto dello Spirito Santo, ripetimi quelle parole d'amore che mi attireranno a te e renderanno più fine il tuo udito spirituale.
5. Poi, adorami in silenzio. Rimani tranquillo ai miei piedi. Ascoltami mentre ti chiamo per nome.

Renditi tutto capacità, tutto desiderio, tutto aspirazione di me: io solo posso colmarti senza mai saziarti. Ritieni perduto tutto il tempo non impiegato ad amarmi. Questo non significa che tu ne debba avere coscienza, ma che tu ne abbia la volontà e il desiderio profondo.

È nei colloqui «silenziosi e familiari» con me che mi incontrerai maggiormente. Fiducia. Ogni anima ha la sua forma personale di conversazione con me.

Unisciti a tutti i mistici sconosciuti attualmente viventi sulla terra. Tu devi molto all'uno e all'altro senza saperlo, e la tua adesione al loro spirito può essere di aiuto a molti. Sono essi, in verità, che suscitano le mie grazie di redenzione per l'umanità. Desidera intensamente che si moltiplichino nel mondo le anime autenticamente contemplative.

Bisognerebbe che il tuo pensiero e specialmente il tuo cuore si orientassero. verso di me, come l'ago magnetico della bussola verso il polo. Il lavoro, i rapporti umani ti impediscono di pensare a me in modo esplicito e costante, ma se, non appena hai un momento libero, sei attento a rivolgermi anche un semplice sguardo, tali atti d'amore influenzeranno a poco a poco tutte le tue attività quotidiane. Esse sono certamente per me, lo so, anche quando non lo dici, ma quant'è meglio che lo dica!

Io non ti lascio mai solo. Perché tu mi lasci solo ancora troppo spesso, mentre potresti, con un piccolo sforzo, cercarmi, se non trovarmi, in te e negli altri? Non ci pensi? Ma pensa a chiedermene la grazia. Si tratta di una grazia preferenziale che io sempre concedo a chi me la chiede con lealtà e insistenza. Poi ripetimi spesso: «So che mi sei vicino e ti amo». Queste parole semplici dette con amore ti susciteranno un fervore rinnovato. Infine, sforzati nel tuo cuore di vivere con me: a poco a poco vivrai maggiormente assieme a me nel cuore degli altri. Allora li capirai meglio, parteciperai alla mia preghiera per essi e li aiuterai più efficacemente.

È nell'intensità della vostra unione con me che le vostre preghiere, attività, sofferenze porteranno frutti. Io stesso sono in voi Colui che adora, che loda il Padre, che rende grazie,che ama, che si offre, che prega. Fate vostra la mia adorazione, la mia lode, la mia azione di grazie, i miei slanci di amore, la mia oblazione redentrice, i miei immensi desideri; esperimenterete l'irradiazione della vostra preghiera interiore confluita nella mia. Infatti c'è una sola preghiera che valga: è la mia preghiera che io vado esprimendo interiormente in voi e che affiorerà in sentimenti diversi, in parole e silenzi di varia intensità, i quali non valgono che per la mia incessante presenza orante.

Questa è l'adorazione in spirito e verità.

Soltanto la contemplazione costante permette questa interiorizzazione della preghiera, della fede, della carità, e al tempo stesso l'irradiarsi della mia bontà, della mia umiltà e della mia gioia profonda.

Essa sola mi permette di esercitare il mio dominio soave sull'anima, di rinserrare la mia stretta divina e di imprimere in lei la mia impronta progressiva.

VIVI DI AMORE IN UNIONE CON ME

Chiamami. Non chiedo se non di venire, ma dimmi più spesso: «Vieni, Gesù, affinché io realizzi pienamente tutto ciò che ti aspetti da me!».

«Vieni, Gesù, affinché io aiuti le anime, come tu desideri, a realizzare il tuo piano d'amore su di esse!».
«Vieni, Gesù, affinché io ti ami come vuoi essere amato da me!».

C'è una litania d'amore che mi aspetto da te:
Gesù, mio Amore, ti amo!
Gesù, mio Fuoco, ti amo!
Gesù, mia Forza, ti amo!
Gesù, mia Luce, ti amo!
Gesù, mia Sufficienza, ti amo!
Gesù, mia Ostia, ti amo!

Gesù, mia Preghiera, ti amo!
Gesù, mio Tutto, ti amo!

Non perdere il tuo tempo ad agire senza amore.

Sviluppa in te, sotto l'influsso del mio Spirito e della Madre mia, le tre divine virtù: Fede, Speranza e Carità. Per esse aderisci a me con tutte le tue forze, abbi fame di me con tutto il tuo essere, unisciti a me con tutto il tuo cuore.

Bisogna che mi sentano in te, quasi a fior di pelle.

Io sono la linfa della tua anima.

Il mio amore ha suoni armonici tanto vari quanto potenti. Per sentirli, bisogna vivere in sintonia costante e profonda con me. Allora la sinfonia si sviluppa in variazioni molteplici nell'intimo del cuore che canta all'unisono col mio.

L'intimità con me non affatica e non stanca mai. Se provi una qualche stanchezza; ciò viene dall'aver tu perduto il mio ritmo e dal non essere più in accordo con la mia misura. Allora ansimi e ti trovi ben presto senza forze e senza fiato. Chiamami dolcemente, con fede e fiducia, e ritroverai il seguito della melodia interiore.

Ci sono colori, ad esempio durante un tramonto, che nessun pittore può rendere pienamente. Ci sono gioie interiori che io soltanto posso donare. Il mio amore è inesauribile, possiede mille volti e mille invenzioni sempre nuove.

Ah! se voleste approfittarne, anzitutto per voi e poi per meglio rivelarmi a moltitudini di anime.

Quando mi ami profondamente, si produce in te una irradiazione di me che ti permette di donarmi invisibilmente a tutti coloro che ti avvicinano.

La qualità dei tuoi rapporti con me: ecco ciò che conta anzitutto. La tua giornata vale per quel che valgono i tuoi legami con me. Sono stati infrequenti o allentati? Sono stati ferventi, amanti, pieni di attenzione? Io non tralascio dal portarti attenzione, ma tu? Perché attribuisci più importanza alle cose che passano piuttosto che a me che non passo?

E poi, per risolvere i problemi che ti presenta la vita di ogni giorno, perché non pensi che un ricorso a me ti possa essere proficuo; che in me si trovino tutte le soluzioni che tengono in conto tutti i dati, anche quelli invisibili? Non pensi che sarebbe tempo guadagnato e fatica risparmiata ricorrere un po'più spesso a me? E sarebbe per me l'occasione di donare e di donarmi maggiormente: e questo è, lo sai bene, la brama del mio cuore.

Io sono «inutile», poiché non sono utilizzato in tante vite, anche sacerdotali.

Il mio sogno consiste – dietro il vostro impulso, con la vostra iniziativa e intelligente collaborazione, valorizzatrice dei doni e talenti ricevuti – nello spiritualizzare le attività e le vite degli uomini, attraverso la crescita della mia carità in ciascuno di voi.

Vivi di me. Vivi con me. Vivi per me.

Vivi di me. Nùtriti dei miei pensieri. Questi pensieri sono l'espressione del mio Spirito. Sono luce e vita. Sono anche forza, nella misura in cui li assimili.

Nùtriti della mia volontà: ciò che voglio da te, quello devi fare. Agisci senza inquietarti di sapere dove ti conduco. In te tutto servirà alla gloria del Padre mio e al bene della mia Chiesa, se inserirai la tua volontà nella mia.

Vivi con me. Non sono per te il migliore compagno di viaggio? Perché dimentichi la mia presenza? Perché non incontri più spesso il mio sguardo?

Chiedimi dunque parere, consiglio, aiuto e vedrai quanta importanza io attribuisca al fatto che tu mi tratti da Amico. L'irradiarsi di questa amicizia familiare e costante, fondata su un ardente spirito di fede, darà alla tua vita il timbro che a me piace.

Non perdere il tuo tempo dimenticandomi. *Pensare a me significa moltiplicare la tua fecondità*.

Vivi per me. Altrimenti, per chi mai vivresti se non per te, cioè per il nulla? Se sapessi di che ti privi e di che privi la Chiesa quando non vivi *per* me! Infatti, amare significa anzitutto questo: vivere *per* l'essere amato.

Agisci, lavora, prega, respira, mangia, riposati *per* me. Purifica continuamente la tua intenzione. Lealmente, non fare ciò che non puoi fare per me. Non è questa l'esigenza dell'amore? Ed è una prova di amore esigere questo da te. Ma lo sai bene, il sacrificio fruttifica, e tu ritroverai in gioia centuplicata ciò di cui ti sarai privato per me.

Innestami profondamente nella tua vita e convinciti che l'ora più utile per la tua attività è quella che consacri esclusivamente a me. Essa ti aiuta, lo sai bene, a sostenere e arricchire la tua vita interiore per il tempo dell'azione; essa ti rende attento ai segni che io ti faccio durante la giornata; essa ti permette di decifrare i simboli che dissemino lungo la tua strada.

Un cristiano che avesse compreso ciò che io bramo di essere per lui, mi ritroverebbe in tutto, mi ascolterebbe, mi scoprirebbe e passerebbe di meraviglia in meraviglia nel percepire la mia presenza sempre viva, attuale, attiva e, soprattutto, infinitamente amorosa.

Nutri nel tuo spirito solo pensieri d'amore, nei tuoi occhi solo chiarori di bontà, sulle tue labbra soltanto parole di carità, nel tuo cuore solo sentimenti di amicizia, nella tua volontà solo voleri di benevolenza.

Che la tua vita sia totalmente impregnata di vero amore, e la tua morte stessa sarà olezzante di amore. Soltanto questo conta. Per tutta l'eternità, sarai confermato nel grado di amore che avrai raggiunto in vita.

È la misura dell'amore oblativo che presenti all'offertorio della tua messa, che al momento della comunione ti ottiene una nuova inoculazione della mia Carità. Di messa in messa, ti è possibile crescere nel mio amore, ma si tratta di un amore che spoglia, immola e dona senza misura. L'unica cosa che valga, giacché è l'unico valore ad aver corso nell'eternità, è la carità vera. Quando osservo gli uomini, ecco ciò che giudico immediatamente in ciascuno: la carità che non si aspetta ricompensa né riconoscenza, la carità che ignora se stessa, la carità che esprime in un suo stile personale quello che c'è di meglio in un essere. Questa è la grande lezione che bisogna imparare da me.

Vieni a *Me* e guarda. Nel mio sguardo, leggi e attingi.
Nel mio cuore, penetra e prendi.
Nella mia volontà, abbandònati e brucia.
Io sono FIAMMA, io sono FUOCO, io sono l'AMORE.

Amare è così semplice, ma sono rari gli uomini che conoscono questo segreto, persino tra i consacrati. C'è vero amore soltanto dove c'è oblio di sé. Troppo spesso non si ama che se stessi attraverso coloro che si crede di amare.

Soprattutto non complicare nulla. Attingi nel tuo cuore tutte le riserve di affetto che vi ho deposto e orièntale verso di me, e basta.

Mettiti sotto l'influsso dello Spirito Santo. Egli ti renderà più incandescente. Ah, se tu fossi davvero una fornace ardente, quante anime salveresti! La mia vera crescita nelle anime si misura dal calore del loro amore per me e per gli altri.

Tu sai fino a che punto io sono l'amore infinito, appassionato, divorante; o piuttosto lo sai in maniera intellettuale, teorica, non abbastanza concreta. Sta di fatto che io non posso esercitare il mio amore su di te se non nella misura in cui tu mi autorizzi, grazie alla disponibilità piena di tutta la tua persona all'azione del mio Spirito, attraverso il quale si diffonde nei cuori la mia divina dilezione. Se sapessi cos'è un Dio che brama donare e donarsi, penetrare, invadere, arricchire, impregnare un essere amato, conformarlo al piano di amore al Padre, aspirarlo, assumerlo, ispirarlo, prenderselo a carico, unirselo, identificarselo!... Ma la condizione è unica, irriducibile: è il *jam non ego*, non più io vivo... Tutto ciò che è egocentrismo, orgoglio, amor proprio, spirito di possesso, ricerca sottile dell'io umano, è inammissibile dal fuoco dell'amore.

Dammi un amore di qualità.
Più c'è umiltà in un'anima, più l'amore è puro.
Più c'è spirito di sacrificio in un'anima, più l'amore è vero.
Più c'è comunione con lo Spirito Santo in un'anima, più l'amore è forte.

Se tu vivessi maggiormente nell'ossessione del mio amore, molte cose ritroverebbero il loro giusto posto, il loro valore relativo. Quante volte ti lasci turbare da ombre di nessuna importanza e tralasci le uniche realtà che contano!

Io sono in te Colui che ama il Padre.

Puoi immaginare la pressione o l'intensità del fuoco del mio amore per il Padre che mi genera incessantemente, come lo Spirito genera il Pensiero? Questo Pensiero diventa una realtà sostanziale ed è Persona uguale a quella del Padre che lo pensa e lo genera. Mistero del dono, mistero dell'amore perfetto, oggetto della contemplazione e della lode dei beati nel cielo.

Io sono in te Colui che ama lo Spirito Santo, il nesso vivente che mi lega al Padre, il bacio sostanziale del nostro amore. Siamo distinti e al tempo stesso legati come il Fuoco e la Fiamma. Egli è il dono del Padre a me, e fa lode di ringraziamento di me al Padre.

Io sono in te Colui che ama Maria.

Amore creatore poiché insieme al Padre e allo Spirito l'abbiamo concepita sin dall'eternità ed Ella non ci ha delusi.

Amore filiale poiché in tutta verità io sono figlio suo più di quanto nessun altro sulla terra sia figlio di sua madre.

Amore redentore che l'ha preservata dal peccato originale e l'ha associata strettamente all'opera della salvezza del mondo.

Io sono in te Colui che ama tutti gli angeli e tutti i santi. Puoi elencarli, dal tuo angelo fino ai santi prediletti e fino ai tuoi antenati entrati nella beata eternità. Che la tua conversazione, attraverso me, sia sempre nei cieli dov'essi ti aspettano.

Io sono in te Colui che ama tutti gli uomini viventi ora sulla terra, tutte le anime che comportano la tua posterità senza numero, tutti coloro che un giorno ti rivelerò essere stati i più diretti beneficiari delle tue rinunce, delle tue sofferenze, dei tuoi lavori e poi... tutti gli altri, tutti, senza eccezione.

Soltanto ciò che tu impregni di amore ha valore nel mio Regno e ai miei occhi. Le cose non valgono che per il loro contenuto di amore. Gli uomini non valgono che per la loro dose di amore ablativo. Questo solo conta e affinché in te tutto sia impregnato del mio amore devi ricaricarti ed esercitarti; ricaricarti, poiché l'amore divino è un dono che bisogna invocare continuamente e con intensità; esercitarti, poiché la carità è una virtù che richiede molto coraggio.

Ah, se gli uomini volessero davvero rettificare in tal senso la loro scala dei valori! Se sapessero scoprire l'importanza dell'amore nella loro vita!

Amare è pensare a me, è guardarmi, è ascoltarmi, è unirsi a me, è condividere tutto con me. Tutta la vostra vita è un susseguirsi quasi ininterrotto di decisioni in favore o a danno di questo amore, che mira a farvi rinunciare a voi stessi per il beneficio degli altri. Più cresce in un'anima tale amore, più si innalza il livello dell'umanità; ma quando un'anima dice «no» alla proposta di questo amore, si opera un impoverimento del divino nel mondo e un ritardo nello sviluppo spirituale di tutti i popoli della terra.

Colui che si sforza di amare in accordo con il mio cuore vede tutti gli esseri e tutte le cose con i miei occhi e percepisce interiormente il messaggio divino che tutti gli esseri e tutte le cose sono in grado di portargli.

Non ti sei accorto che più rimanevi fedele all'orazione, meno essa ti era pesante? Ci si stanca soltanto di ciò che si abbandona; ma se si è costanti, si ottiene la grazia di gustare, anzi di assaporare, in ogni caso di perseverare ed, eventualmente, di sopportare.

Più percepirai il mio amore in modo vivente, sperimentale, più sarai in grado di rivelarlo agli altri. Questa è la forma di testimonianza che aspetto da te.

Quel fluido misterioso che dona al volto degli uomini un riflesso indefinibile del divino, nasce dalla profonda intimità dell'incontro prolungato con me.

Io sono non soltanto il vincolo, ma la dimora delle anime, laddove esse possono ritrovarsi e comunicare tra loro attraverso di me.

In me puoi trovare con certezza anzitutto il Padre e lo Spirito Santo, poiché il Padre è in me e io sono nel Padre, e lo Spirito Santo ci unisce l'uno all'altro in una ineffabile vicendevole comunicazione.

In me puoi trovare mia Madre Maria che è unita a me in modo incomparabile e per mezzo della quale io continuo a donarmi al mondo.

In me trovi il tuo angelo, compagno fedele della tua vita peregrinante, messaggero devoto e protettore attento.

In me trovi tutti i santi del cielo, i patriarchi e gli apostoli, i profeti, i martiri...

In me trovi tutti i sacerdoti che mi sono uniti a titolo particolare, in virtù della loro ordinazione sacerdotale che li identifica a me, Colui nel nome del quale essi parlano.

In me trovi tutti i cristiani, e tutti gli uomini di buona volontà, chiunque essi siano.

In me trovi tutti i sofferenti, tutti malati, tutti gli infermi, tutti i morenti.

In me trovi tutti i defunti del Purgatorio che attingono dalla mia oscura presenza il fondamento della loro ardente speranza.

In me trovi il mondo intero, conosciuto e sconosciuto, tutte le bellezze, tutte le ricchezze della natura e della scienza, tutto ciò che supera quanto i massimi scienziati non possono né potranno mai intravvedere.

In me trovi soprattutto il segreto dell'amore offerente totale, poiché io sono Colui che ama e che desidera portare il fuoco sulla terra attraverso gli uomini, al fine di rendere l'umanità incandescente di gioia e di felicità per l'eternità.

Io rimango in attesa continua di te; senza impazienza, certo, sapendoti debole e fragile, ma tanto desideroso di sentirti e di vederti in ascolto della mia Parola. Non lasciare sfarfallare il tuo spirito su cose effimere e inutili. Non sperperare in tante futilità il poco tempo di cui disponi. Pensa che io sono presente, il tuo Maestro, il tuo Amico, il tuo Servo: volgiti verso di me! Quanto ben più viva ed estesa sarebbe la tua influenza, se fossi più spesso attento a me e con più amore!

Ricorda bene questo: qualunque sia l'attività che uno compie e le sofferenze che sopporta, è l'unione d'amore presente in esse a costituirne il valore.

Sforzati di unirti maggiormente a me. Unisciti alla mia preghiera. Unisciti alla mia offerta. Unisciti alla mia attività nel mondo nell'intimo dei cuori. Vedi come viene ostacolata da tutti gli egoismi consci e inconsci. Vedi invece com'è potente nelle anime generose che a essa si abbandonano con docilità.

Unisciti a me per fare tutto quello che devi fare, e farai tutto meglio e più facilmente. Unisciti a me per essere buono, cordiale, comprensivo, aperto agli altri e io farò passare parte di me nei tuoi rapporti con gli uomini. Se non vuoi essere separato da me, unisciti a me più spesso e più intensamente, durante tutte le ore, luminose e grigie, di ogni giorno.

Non è cosa vana se durante il giorno riesci a moltiplicare gli atti positivi di amore e di desiderio, poiché in tal modo va esprimendosi in te la carità del Padre per me e ciò opera l'accrescimento della mia presenza in te: e io mi manifesterò attraverso il tuo involucro carnale. Bisogna che il tuo amore sia attivo e vigilante. Se si addormenta, per vigliaccheria e negligenza, ci sarà una pausa all'irradiarsi della mia vita in te.

Nella conoscenza del mio amore per te e per il mondo ci sono diverse zone concentriche la cui penetrazione non può che ravvivare la tua fede e la tua carità.

Prima di tutto c'è la percezione sperimentale della mia presenza amorosa che ti coinvolge interiormente ed esteriormente. Non sono forse in te, nel più intimo di te stesso? Non ti sono forse continuamente vicino e non ho ragione di ripeterti spesso: «Guarda me che ti guardo. Agisci come membro mio. Tratta con me come se mi vedessi, e sorridimi».

Poi c'è la conoscenza intellettuale dell'amore infinito che ti ha amato fino a far follie, la follia del presepe, la follia della croce, la follia dell'ostia, la follia del sacerdozio, con tutto ciò che questo comporta di umiltà e tenerezza da parte mia: farmi creatura, farmi piccolo, farmi dipendente tuo e della tua buona volontà collaboratrice.

C'è infine quello che attualmente non puoi né sapere, né

percepire: è il fuoco dell'amore trinitario che ti solleverà, ti infiammerà, ti alimenterà nell'eternità e per l'eternità, facendoti partecipe della nostra gioia sostanziale, in una carità universale esaltante.

Se tu sapessi quanto io desidero essere finalmente tenuto in conto nella vita di ogni giorno; non essere soltanto Colui che si invoca secondo i riti, ma l'Amico vero e intimo con cui ci si confida e di cui ci si può fidare. Non sono forse io Colui che sente ciò che tu provi, che assume i tuoi stati d'animo, che trasfigura e feconda i tuoi desideri, i tuoi gesti, le tue parole?... Tutto ciò che riempie le tue giornate dev'essere un'occasione per far trascorrere tutto il mio amore nella tua anima.

Noi siamo insieme.

Siamo uniti come il tralcio è unito al ceppo della vite, come ogni membro è unito al corpo.
Insieme noi preghiamo.

Insieme siamo:
per lavorare
per parlare

per essere buoni
per amare
per offrire
per soffrire
per morire

e un giorno per vedere il Padre, la Vergine, ed essere nella gioia. La coscienza di essere uniti è garanzia di sicurezza, di fecondità, di gioia:

□ sicurezza:

Qui habitat in adjutorio Altissimi, in protectione Dei coeli commorabitur.
Egli ispira, guida, conduce col suo Spirito. Con lui io attuo il piano eterno di amore del Padre su di me a beneficio di tutti.

Christus in me manens ipse facit opera.
Che posso mai temere per il gran passaggio?
Noi siamo insieme.

□ fecondità:

Qui manet in me et ego in eo, hic fert fructum multum:

visibile irradiazione
e invisibile visitazione
virtus de illo exibat et sanabat omnes.

□ gioia:

Sto ad ostium et pulso... coenabo cum ilio et ille mecum.
Intra in gaudium Domini.
Voglio che si senta risplendere la mia gioia nella tua anima.

Io sono in te Colui che parla in tua vece e non cessa di chiedere le grazie di cui hai bisogno per realizzare, nel posto a te destinato, nell'organismo vitale del Corpo mistico, il piano eterno d'amore del Padre su di te.

Io sono in te Colui che si offre e che, donandosi senza riserve al Padre, brama di includere nella sua oblazione l'offerta di te e di tutti i tuoi fratelli.

Io sono in te Colui che offre alla benedizione e alla purificazione dello Spirito tutte le anime che vivono sulla terra.

Io sono in te Colui che adora, loda e ringrazia il Padre, ardente del desiderio di ricomporre in me le adorazioni, le lodi, i ringraziamenti di tutta l'umanità.

Il mio amore è delicato, tenero, attento, misericordioso, forte e divinamente esigente.

Il mio amore è delicato. Ti ho amato per primo e tutto ciò che sei sono io che te l'ho donato. Non te lo ricordo troppo spesso, per delicatezza. Aspetto che tu te ne renda conto, che mi ringrazi e deduca tu stesso le conseguenze!

Il mio amore è tenero. Io sono la tenerezza infinita. Se si conoscessero le ricchezze del mio cuore e l'immenso desiderio che ho di colmarvi di esse! Vieni a me, figlio mio. Abbandona il tuo capo sulla mia spalla e capirai meglio *quam suavis est Dominus tuus*.

Il mio amore è attento. Nulla di ciò che ti riguarda mi sfugge. Nessun sentimento del tuo animo mi è estraneo. Faccio miei tutti i tuoi desideri nella misura in cui sono conformi al piano d'amore del Padre mio e dunque al tuo vero interesse. Faccio mie tutte le tue intenzioni e benedico fedelmente tutte le anime che mi affidi.

Il mio amore è misericordioso. Conosco meglio di te le circostanze attenuanti e le ragioni che scusano le tue colpe, i tuoi errori, i tuoi scarti.

Il mio amore è forte. È forte della mia potenza. È forte per sostenerti, per rialzarti, per guidarti nella misura in cui ti aggrappi ad esso. Chi ad esso si appoggia, non può restare mai deluso.

Il mio amore è divinamente esigente. Lo hai capito. Poiché ti amo per te, voglio potermi donare a te sempre di più, e posso farlo soltanto se tu stesso rispondi fedelmente agli inviti della mia grazia, agli impulsi del mio Spirito.

Poiché ti amo per i tuoi fratelli, voglio poter passare attraverso di te. Devi riflettermi, rivelarmi, esprimermi, ma posso fare questo solo se mi spalanchi le porte del tuo cuore e rispondi con generosità ai miei inviti.

Qualsiasi cosa, gioiosa o dolorosa, semplificala con l'amore. Quanto vorrei vederti vivere ogni giorno un quarto d'ora di amore puro, positivo, esplicito, in unione con me: esèrcitati progressivamente. Inizia con un minuto, poi con due, poi con tre. Se perseveri, sotto l'influsso dello Spirito, arriverai facilmente a quindici. Allora vedrai come tante cose torneranno al loro giusto posto, e avrai un assaggio di ciò che ti riservo per l'ora della tua eternità. Così entrerai a poco a poco nella mia immensità senza paura di sprofondare, poiché sono io ad invaderti.

Tu hai bisogno di un amore più forte del tuo sovraccarico di impegni, più forte delle tue preoccupazioni, più forte della tua sofferenza.

Ciò che conta ai miei occhi non è l'amore che provi, ma l'amore che mi provi.

Durante la giornata rinnova spesso le brevi silenziose adorazioni verso di me. Chiedimi con insistenza di far crescere in te il desiderio di me, il gusto di me, la gioia di me. È questa una preghiera che mi piace esaudire, ma sii paziente e non voler esser più veloce della mia grazia.

Il mio Regno si costruisce dal di dentro e io ho più bisogno di anime generose nelle lotte interiori a vantaggio dei loro fratelli, che di propagandisti o di uomini di affari, anche se al servizio della mia Chiesa.

Ciò che conta è il fuoco dell'amore che cresce nei cuori,

più delle vistose attività esteriori, delle belle organizzazioni, tanto ragguardevoli dal punto di vista istituzionale, ma spesso vuote o quasi della mia presenza viva e operante.

Non rassegnarti alla monotonia dell'amore. Cerca e troverai nuove maniere di manifestarmelo. Le mie non sono mai monotone. Fammi sentire più spesso che desideri me e ripetimi a nome tuo e degli altri: *Maran atha.*'Vieni, Signore Gesù, vieni!

Credilo: io rispondo sempre agli inviti.

La lettera non serve se non nella misura in cui stimola e facilita l'amore, non in quella in cui lo soffoca e lo avversa.

Nella vita spirituale sono necessari alcuni punti fissi, ma a titolo di verifica e di guida, non a titolo di ostacoli e di «alberi che nascondono la foresta».

Lascia che io ti guidi come voglio. Non preoccuparti dell'avvenire. Ti è mai mancato qualcosa in passato? Né ti mancherà mai nulla, poiché io sarò sempre presente, e nulla può mancare a colui al quale io non manco. La mia presenza e la mia tenerezza saranno sempre vicine a te, al fine di suscitare in te azioni di grazie, amore e zelo. Io ero presente anche nelle ore oscure e difficili della tua vita. Del resto, lo hai ben sentito, e le tenebre si sono dissolte nella luce.

Se le anime si decidessero ad avvicinarsi a me più spesso, con più disponibilità, attingerebbero dalla contemplazione della mia divina presenza nuove energie. Io sono la «Fontana della giovinezza»; attraverso di me si attua ogni vero aggiornamento, nelle anime, nelle famiglie, in tutte le società. Il mondo si devitalizza per mancanza di autentica vita contemplativa.

La vita contemplativa non è una vita di estasi ma una vita nella quale sono io che conto, con me si fanno i conti e su di me si può contare. È anche una vita di confluenza in cui, col pensiero o più semplicemente con una unione virtuale, si assimilano tutti i miei slanci di amore, di adorazione, di lode, di azione di grazie, la mia oblazione incessante, redentrice e spiritualizzante, e i miei immensi desideri corrispondenti ai vostri immensi bisogni. Da questa congiunzione vitale con me dipende, per il mondo intero, l'efficacia della mia grazia, dei benefici divini, in particolare dell'assunzione progressiva di tutta l'umanità bisognosa, umile e generosa, da parte della mia divinità.

La durata dell'amore deve mirare all'impregnazione totale della tua esistenza, non che questa rivesta sempre la stessa forma, la stessa colorazione e che la coscienza sia continuamente lucida nei suoi riguardi. In amore l'essenziale non è la coscienza totale, ma il fatto di amare: pensare all'altro prima di pensare a sé, vivere per l'altro prima di vivere per sé, perdersi nell'altro al punto da dimenticare se stesso: ed Egli cresce nella misura in cui l'«io» diminuisce. Quando si ama davvero, non si riflette che si ama. Si ama, e basta.

Voglio dirti quanto io apprezzi la preghiera che fai ogni giorno ricevendomi nella Santa Comunione: «O Gesù, fa'crescere in me il desiderio di te, il desiderio di possederti, il desiderio di essere posseduto da te e di vivere sempre più *in persona Christi*».

E aggiungi: «Esercita su di me il tuo potere, rinserra la tua stretta, segnami con la tua impronta divina».

Non ti meravigliare se non sei esaudito tanto presto in modo sensibile e percettibile. Continua con perseveranza. È cosa che si compie a poco a poco: ci vuole parecchio tempo e certe condizioni preliminari di purificazione che si realizzano solo giorno dopo giorno.

Il valore di una vita sta nella qualità dell'amore che la ispira. Questo amore può subire alcuni momenti di rilassamento; ma se è leale, risorge e trasfigura tutto ciò che tocca, proprio come il sole che può essere nascosto da una nuvola ma continua a brillare e illumina di nuovo alla prima schiarita. Amore che illumina, amore che riscalda, amore che penetra, amore che guarisce, amore che rallegra!

Ogni essere umano racchiude in sé immense possibilità di amore. Sotto l'influsso dello Spirito, questo amore viene sublimato e si esprime in meravigliosi atti di generosità, fino al sacrificio di sé. Ma sotto l'influenza dell'egoismo, esso può degradarsi e giungere ai peggiori eccessi della bestialità, secondo tutte le forme che può rivestire l'insipienza umana. Nella misura in cui l'umanità purifica e intensifica le sue potenze affettive, essa si innalza e si supera, e viene assunta da me. Io sono la tenerezza infinita e posso assimilare tutto quanto c'è di amore autentico in un cuore umano.

Io sono l'Amico affettuoso e discreto, che gioisce delle iniziative di coloro che ama, si rattrista dei loro errori, dei loro spropositi, delle loro resistenze, delle loro ambiguità, delle loro oscurità, ma sempre pronto a perdonare e a cancellare le colpe di coloro che ritornano a lui con amore e umiltà.

Vedo tutte le possibilità di bene presenti in ciascuno e sono pronto a favorirne lo sviluppo, ma non posso far nulla senza la vostra collaborazione. Nella misura in cui rimanete attenti alla mia presenza, attirate su di voi l'efficacia della mia vitalità divina.

Io sono la Luce, io sono la Vita. Ciò che non è ideato, effettuato, realizzato in unione con me, è destinato a perire.

Sai bene che da te stesso non sei NIENTE, non puoi NIENTE, ma un giorno ti meraviglierai nel vedere quel che avremo realizzato INSIEME.

Cercami: io sono in te, in fondo a te; mettiti liberamente, con una totale generosità, sotto il mio influsso divino. Anche se non si fa sentire, esso è in azione e ti ispira a tua insaputa. Ti rammarichi di non avere una costante e chiara coscienza della mia presenza; ma ciò che conta è che io sia presente e ascolti le tue testimonianze di amore. Dammene le prove: con piccoli sacrifici, con lievi sofferenze sopportate in unione con le mie, con brevi e frequenti interruzioni del tuo lavoro e delle tue letture, e vedrai aumentare a poco a poco in te uno stato di fedeltà e di disponibilità a tutto ciò che io ti chiederò.

CHIEDIMI UNA FEDE VIVA

La fede è un dono che io non rifiuto mai a colui che me lo chiede con perseveranza. Per voi essa è l'unico mezzo normale per avere un'antenna nell'al di là.

Finché vivi sulla terra, il clima normale dell'anima è un clima di fede e di fede meritoria, fatta di una certa divina mescolanza di chiarezza e di ombra che ti permette ragionevolmente di aderire a me senza percepirmi nella pienezza dell'evidenza. È proprio questo che mi aspetto da te. Dove sarebbe il tuo merito se io apparissi come sono, trasfigurato, dinanzi a te? Tuttavia, più eserciterai la tua fede nell'amore, più giungerai a percepire nell'oscurità la mia divina presenza.

«*Il giusto vive di fede*». La sua ricchezza sono le realtà invisibili che gli diventano percettibili. Il suo cibo è la mia presenza, il mio sguardo, il mio soccorso, le mie esigenze di amore. La sua ambizione sta nel farmi nascere e crescere in molte anime, in modo che ci sia un po'più di me sulla terra. La sua società è il mio Corpo Mistico. La sua famiglia è la famiglia trinitaria dalla quale tutto prende avvio e dove tutto termina *per me, con me* e *in me*. In quanto a te, vivi sempre più questo programma. È anzitutto a questo che io ti chiamo.

Chiedimi con fedeltà una fede profonda, luminosa, solida, illuminata, radiosa. Una fede che non sia soltanto una adesione intellettuale e volontaria a delle verità dommatiche astratte, ma una percezione della mia presenza viva, della mia parola interiore, della mia tenerezza amorosa, dei miei desideri inespressi. Sappi che io voglio esaudirti, ma chiedi con più insistenza. Che la tua fiducia mi testimoni il tuo amore.

Tu non chiedi abbastanza, perché non hai abbastanza fede. Non hai abbastanza fede per credere che io possa esaudirti, che stia a spiare i tuoi desideri. Non hai abbastanza fede per chiedere con perseveranza, senza desistere al primo ostacolo, senza stancarti, poiché per provare tale fede e accrescere il tuo merito, io sembro mantenere il silenzio.

Non hai una fede sufficiente per renderti conto dell'importanza delle grazie che hai da ottenere per te e per gli altri, per la Chiesa e per il mondo. Non hai una fede sufficiente per desiderare con intensità e con ardore ciò che oggi sarebbe necessario a tante anime. Non hai una fede sufficiente per venire di tanto in tanto a passare un'ora presso di me.

Non hai una fede sufficiente per non avvertire una piccola umiliazione di essere lasciato da parte; e tu, non mi lasci da parte troppo spesso? Nella tua vita, io sono sempre presente, a pieno diritto? Non hai una fede sufficiente per privarti di piccole inutili ghiottonerie, mentre con i tuoi sacrifici potresti suscitare tante grazie per le anime.

Ho piacere che tu sappia scoprirmi, riconoscermi, percepirmi attraverso i tuoi fratelli, attraverso la natura, attraverso gli avvenimenti piccoli o grandi. Tutto è grazia e io sono là.

Finché vivi sulla terra sei come uno con gli occhi bendati. Solo per la fede, sotto l'influsso del mio Spirito, puoi essere sensibile alla mia presenza, alla mia voce, al mio amore. Agisci come se mi vedessi, bello, affettuoso, amorevole come sono, eppure così mal compreso, così isolato e trascurato da molti esseri ai quali ho tanto donato e tanto sono disposto a perdonare.

Ho un così grande rispetto delle vostre persone! Non voglio rovinare nulla. Per questo sono tanto paziente, pur essendo attento e sensibile al più piccolo gesto d'amore e di attenzione.

Dilata il tuo cuore alle dimensioni del vasto mondo. Non sai che io ho di che riempirlo?

INVOCA LO SPIRITO

Invoca più spesso lo Spirito Santo. Lui solo può purificarti, ispirarti, illuminarti, infiammarti, «mediatorizzarti», fortificarti, fecondarti.

È lui che può liberarti da ogni spirito mondano, da ogni spirito superficiale, da ogni spirito di ripiegamento su di te.

È lui che ti fa apprezzare nel loro giusto valore le umiliazioni, la sofferenza, lo sforzo, il merito nella sintesi della Redenzione.

È lui che proietta un riflesso della divina sapienza su tutti i tuoi stati d'animo gioiosi o dolorosi, secondo i piani della Provvidenza.

È lui che assicura alla fase meritoria della tua esistenza la sua piena produttività al servizio della Chiesa.

È lui che suggerisce ciò che devi fare e ti ispira ciò che devi chiedere affinché io possa agire attraverso la tua attività e intercedere attraverso la tua preghiera.

È lui che nel corso delle tue attività ti purifica dallo spirito proprio, dal giudizio proprio, dall'amor proprio, dalla volontà propria. È lui che mantiene la tua vita nell'asse del mio amore. È lui che ti impedisce di attribuirti il bene che Egli ti fa fare.

È lui che mette il fuoco nel tuo cuore e lo fa vibrare all'unisono col mio; è lui che fa apparire nella tua mente certi pensieri che nessuna cosa poteva suscitare. È lui che nella misura in cui gli sei docile, ti ispira una decisione opportuna, un comportamento salutare, e fors'anche un ritorno al deserto.

È lui che ti dà la forza di iniziare e il coraggio di continuare, malgrado gli ostacoli, le contraddizioni, le opposizioni.

È lui che ti conserva nella pace, nella calma, nella serenità, nella stabilità, nella sicurezza.

Hai bisogno dello Spirito Santo per far crescere in te lo spirito filiale verso il Padre: *Abba, Pater* e lo spirito fraterno verso gli altri.

Hai bisogno dello Spirito Santo affinché la tua preghiera sia regolata sulla mia e possa far propria tutta la sua efficacia.

Hai bisogno dello Spirito Santo per volere in modo fermo, tenace, potente. Tu sai che senza di lui sei soltanto debolezza e infermità.

Hai bisogno dello Spirito Santo per avere quella fecondità che io desidero per te. Senza di lui tu non sei che polvere e sterilità.

Hai bisogno dello Spirito Santo per vedere tutte le cose come le vedo io e avere un giusto indice di riferimento sul valore degli avvenimenti, nella sintesi della storia vista dall'interno.

Hai bisogno dello Spirito Santo per prepararti a quella che sarà la tua vita definitiva e per disporti a pregare, ad amare, ad agire come se già fossi giunto in Paradiso.

Credi alla presenza in te dello Spirito Santo; tuttavia egli può agire e può farti percepire la sua divina realtà soltanto se lo invochi in unione alla Madonna.

Invocalo per te, ma anche per gli altri, poiché in molti cuori egli è come imbavagliato, legato, paralizzato. Per questo, troppo spesso il mondo va male.

Invocalo a nome di tutti coloro che incontri. Egli verrà in ciascuno secondo la misura della loro disponibilità, e farà crescere progressivamente in ciascuno i segni della sua potenza.

Invocalo a nome di tutte le anime sconosciute che ti affido e alle quali la tua fedeltà procurerà grazie preziose.

Invocalo soprattutto a nome dei sacerdoti e delle anime consacrate, affinché nel mondo di oggi aumentino gli autentici contemplativi.

Per la Chiesa, il periodo post-conciliare è un periodo delicato in cui, nottetempo, la zizzania è seminata in mezzo al buon grano dall'*inimicus homo*.

Colui che aspira il mio Spirito respira la carità del mio cuore.

Come andrebbe meglio il mondo, come sarebbe più viva e unita la Chiesa, se lo Spirito fosse desiderato più ardentemente e più fedelmente obbedito!

Chiedi alla Madre mia di inserirti in quel cenacolo di anime, povere e piccole, che sotto la sua materna direzione procurano alla Chiesa e al mondo una più abbondante ed efficace effusione del mio Spirito d'amore.

Fiducia, figlio mio. Voglio che in te si senta palpitare sempre più la mia vita.

Tutto ciò che mi offri, tutto ciò che fai, tutto ciò che mi doni, io lo ricevo come Salvatore, e nell'unità dello Spirito Santo lo offro a mia volta al Padre purificato da ogni umana ambiguità, arricchito del mio amore a vantaggio della Chiesa e dell'umanità.

Se conoscessi la potenza unitiva e unificante dello Spirito Santo, Spirito di unità! Egli agisce *suaviter et fortiter* nell'intimo dei cuori che si mettono lealmente sotto il suo influsso. Sono relativamente pochi coloro che lo invocano realmente ed è per questo che tante nazioni, tante comunità, tante famiglie sono divise.

Invocalo affinché faccia crescere nella tua anima la «nostra gioia trinitaria», quella gioia ineffabile che nasce dal dono pieno che vicendevolmente ogni Persona divina, pur restando pienamente se stessa, fa senza riserve alle altre. Gioia totale del dono, dello scambio, della comunione incessante, nella quale desideriamo inserire tutti voi nella libertà.

Fuoco d'amore è in attesa soltanto di invadervi, ma è limitato nella sua azione in voi e nella sua intensità dalla vostra disattenzione e dal vostro rifiuto di abbandonarvi a me.

Fuoco che vorrebbe divorarvi, non per distruggervi ma per trasformarvi e trasfigurarvi in lui, così che qualunque realtà tocchiate si infiammi al vostro contatto.

Fuoco di luce e di pace, poiché io rappacifico tutto ciò che conquisto e faccio partecipare alla mia gioia luminosa tutto ciò che accolgo.

Fuoco di unità in cui, nel rispetto delle legittime e preziose potenzialità di ognuno, io sopprimo tutto ciò che divide e tutto ciò che è di ostacolo, per assumere ogni cosa nel mio amore. Ma bisogna desiderare ancor più fortemente la mia venuta, la mia crescita, il mio possesso; bisogna desiderare la fedeltà al sacrificio e all'umiltà; bisogna che tu mi permetta di servirmi di te per manifestare le delicatezze della mia Bontà.

Che sotto l'influsso del mio Spirito tu divenga un incendiario di amore!

Si risparmia sempre del tempo quando lo si impiega per mettersi sotto l'influsso del mio Spirito e mi si dà il tempo che chiedo.

Lo Spirito Santo non cessa di lavorare nell'intimo di ogni essere come all'interno di ogni istituzione umana.

Ma ci vogliono apostoli fedeli alle sue ispirazioni, nella docilità alla Gerarchia che mi rappresenta e mi continua tra voi. Collaborazione attiva che significa dinamismo nel mio servizio, sfruttando al massimo i talenti e i mezzi che vi ho dato, siano pure limitati. Collaborazione attiva, ossia fedeltà nel lavorare in unione con me e in comunione con tutti i fratelli. E tutto questo, nella serenità. Non vi chiedo di far pesare sui vostri nervi le miserie del mondo, né le crisi della mia Chiesa, ma di portarle nel vostro cuore, nella vostra preghiera, nella vostra oblazione.

Il mio Spirito è con te. Il mio Spirito è Luce e Vita.

Egli è Luce interiore su tutto ciò che ti è necessario sapere e percepire. Egli non vuole rivelarti in anticipo tutti i disegni del Padre, ma ti dona nella fede i lumi che ti sono necessari per la tua vita interiore e per la tua attività apostolica.

Egli è Vita, cioè movimento, fecondità, potenza.

Movimento, poiché agisce con le sue pulsioni discrete ma preziose, muove le tue aspirazioni, ispira i tuoi desideri, orienta le tue opzioni, stimola i tuoi sforzi. Fecondità, poiché è Lui che aumenta la mia vitalità in te e accresce la tua già innumerevole posterità. Egli si serve della tua povera vita e dei tuoi deboli mezzi per agire attraverso di te e attirare verso di me. Potenza, poiché non agisce in modo rumoroso, ma come l'olio che penetra, impregna, fortifica e facilita l'attività umana evitandole l'attrito.

Quando lo Spirito Santo scende su un essere umano, lo cambia in un altro uomo, poiché quest'uomo è sotto l'azione divina.

Che si intensifichi il tuo desiderio di una venuta più abbondante dello Spirito Santo in te e nella Chiesa. Tu stesso ti meraviglierai dei risultati che produrrà in te e in tutti coloro a favore dei quali lo invocherai.

SII IN STATO DI OFFERTA

Io sono Colui che offre. Unisci alla mia offerta al Padre tutte le gioie umane, in omaggio di lode: gioie dell'amicizia, gioie dell'arte, gioie del riposo, gioie del lavoro compiuto, gioie soprattutto dell'intimità con me e della dedizione al mio servizio attraverso il prossimo.

Offrimi la mitra di tutte le sofferenze umane, sofferenze dello spirito, sofferenze del corpo, sofferenze del cuore, sofferenze degli agonizzanti, dei prigionieri, dei sinistrati, degli abbandonati.

Chiamami in aiuto dolcemente, con pacatezza, con amore, per tutti coloro che soffrono e valorizzerai i loro dolori unendoli ai miei, ottenendo per essi grazie di sollievo e di conforto.

Offrimi l'oro di tutti gli atti di carità, di bontà, di benevolenza, di amabilità, di dedizione che vengono compiuti in un modo o nell'altro su questa terra. Io guardo le cose con gli occhi dell'amore e rimango in attesa delle manifestazioni umane dell'amore vero, fatto di oblio di sé.

Offrile a me, affinché io le incoraggi e possa nutrirmene per la mia crescita nel mondo.

L'oblazione è la potenza che fa sprigionare ondate di grazia per le anime.

È in apparenza cosa di poco conto il gesto, il pensiero di offrirmi coloro che soffrono, coloro che sono soli, coloro che sono scoraggiati, coloro che lottano, coloro che cadono, coloro che piangono, coloro che muoiono, e anche coloro che mi ignorano e che mi hanno abbandonato dopo avermi seguito...

Offrimi il mondo intero...
tutti i sacerdoti del mondo...
tutte le suore del mondo...
tutte le anime ferventi del mondo...
tutte le anime di orazione...
tutti i tiepidi, tutti i peccatori, tutti i sofferenti.

Offrimi tutti i giorni di questo anno, tutte le ore gioiose e tutte le ore dolorose.

Offrile a me, affinché faccia trascorrere in esse un raggio di speranza e così cresca in molte anime, le quali aderiranno liberamente a me, il solo che può colmare le loro profonde aspirazioni verso l'immortalità, verso la giustizia, verso la pace.

Vivi sempre più a favore degli altri, in unione con tutti. Raccoglili in te nell'ora della preghiera e nell'ora del riposo. In te e per mezzo tuo io attiro a me le anime che tu rappresenti ai miei occhi. Desidera ardentemente a nome loro che io sia la loro luce, la loro salvezza e la loro gioia. Credi fermamente che nessuno dei tuoi desideri è inefficace, se viene dal tuo essere profondo. È con desideri di questo tipo, moltiplicati per il mondo, che si costituisce via via il mio Corpo Mistico.

Non basta offrirmi le sofferenze degli uomini affinché io le allevii e le computi a loro profitto. Offrimi anche tutte le gioie della terra affinché le purifichi e le intensifichi, unendole alle mie e a quelle dei santi in cielo.

Non basta offrirmi i peccati del mondo perché li perdoni e li cancelli, come se non fossero mai stati commessi. Offrimi anche tutti gli atti di virtù, tutte le scelte fatte per me o per gli altri, affinché dia ad essi la loro dimensione di eternità.

Non basta offrirmi tutto ciò che non va bene sulla terra (conosco meglio di chiunque le carenze degli esseri e delle cose) perché ci metta buon ordine e ripari le brecce. Offrimi anche tutto ciò che va bene, a cominciare dalla purezza dei piccoli, il coraggio dei giovani, lo squisito pudore delle fanciulle, l'abnegazione delle madri, l'equilibrio dei padri, la benevolenza degli anziani, la pazienza dei malati, l'oblazione degli agonizzanti e, in modo generale, tutti gli atti d'amore che sbocciano nel cuore degli uomini.

C'è del buono, più di quanto non si creda, nell'anima di molti tuoi fratelli, e tanto più eccellente quanto più spesso non se ne rendono conto. Ma io, che vedo nel profondo di ognuno e giudico con benevolenza e tenerezza, scopro sotto cumuli di cenere delle monete d'oro. Sta a te di offrirmele, in modo che le valorizzi. Così, col tuo gesto di offerta, l'Amore crescerà nel cuore degli uomini e sarà, finalmente, vincitore dell'odio.

Non ti scoraggiare di vivere, di agire e di soffrire in nome degli altri, conosciuti o sconosciuti. Quaggiù tu non vedi quello che operi, ma posso assicurarti che nulla si perde di quello che fai, quando raggiungi con la tua offerta, sia pure modesta, la mia propria preghiera, la mia oblazione, la mia azione di grazie. Così facendo, tu permetti a molte anime sconosciute di convergere verso di me, e attraverso i sobbalzi del viaggio terrestre, sarà loro facilitato, al momento del transito, la loro definitiva assunzione in me. Di fronte alla moltitudine immensa e anonima, che scoraggerebbe le volontà più zelanti, io ti concedo il mezzo di collaborare efficacemente alla loro spiritualizzazione, in un modo ben più sicuro del ministero stesso della predicazione o della confessione. Lasciami fare. Sono io a fissare per ciascuno il modo di collaborazione che mi aspetto da lui.

Sii sempre più un collaboratore fedele, che convoglia su di me tutte le preghiere, tutte le attività, tutti i gesti di bontà, tutte le gioie e tutte le pene, tutte le sofferenze e tutte le agonie umane, affinché, da me assunte, possano essere purificate e servano alla vita del mondo.

Il mondo attuale, per fortuna, conta molte anime generose; molte altre potrebbero diventarlo, se fossero sostenute e incoraggiate. Allora anch'esse aiuterebbero le altre a incontrarmi, a riconoscermi e ad ascoltarmi. I miei inviti verrebbero ascoltati di più e molti, volgendosi a me nell'intimo dei loro cuori, troverebbero, trovando me, la loro salvezza e la loro realizzazione.

Che si perda meno tempo in riunioni sterili e che si venga a me più spesso.

Io sono l'Oblato sostanziale. Mi dono totalmente al Padre e il Padre si dona totalmente a me. Io sono, al tempo stesso, Colui che si dona e Colui che riceve in uno slancio d'amore, che è anch'esso sostanziale e ha nome Spirito Santo. Vorrei trascinare e assumere tutti gli uomini in questo immenso e gioioso offertorio. Se ti ho scelto, è precisamente perché tu raggiunga la mia oblazione e contribuisca a introdurre in essa molti tuoi fratelli.

Vieni a me, e rimani calmo dinanzi a me. Anche se non percepisci le mie idee, la mia «irradiazione» ti raggiunge e ti penetra. Essa influenzerà tutta la tua vita, e questo è l'essenziale.

Vieni a me, ma non venire solo. Pensa a tutte quelle folle, delle quali ho avuto tanta maggiore pietà quanto più distinguevo gli elementi che ne costituivano le miserie, le preoccupazioni, i bisogni profondi.

Non c'è un solo essere che non mi interessi, ma non voglio fare nulla per loro senza la collaborazione di coloro che ho consacrato in modo speciale alloro servizio.

Il compito è immenso, la messe è davvero abbondante, ma gli operai, i veri operai fedeli e accorti, coloro che per amore mettono al primo posto delle loro preoccupazioni la ricerca del mio regno e della mia santità, sono troppo poco numerosi. Che la tua preghiera al Padre, padrone della messe, si inserisca più intensamente nella mia, e vedrai crescere e moltiplicarsi il numero degli apostoli contemplativi e, in pari tempo, degli educatori spirituali. Dappertutto nelle comunità e nel mondo, io ispiro la stessa domanda alle anime generose.

Certo, quelle che comprendono e rispondono non sono in quantità sufficiente, ma la qualità dei loro appelli compensa il loro piccolo numero.

L'essenziale è che esse preghino in me e si uniscano profondamente alla preghiera che io stesso faccio in esse.

ASPETTO LA TUA COLLABORAZIONE

Consìderati come un membro del mio Corpo, legato a me con tutte le fibre della tua fede e del tuo cuore, con tutto l'orientamento della tua volontà. Agisci come mio membro, cosciente di tutti i tuoi limiti personali, della tua impossibilità a realizzare qualcosa di veramente efficace da solo. Prega come mio membro, unendoti alla preghiera che io stesso faccio in te e unendoti alla preghiera di tutti gli uomini tuoi fratelli. Offriti come mio membro, non dimenticando che per amore sono in un continuo stato di oblazione al Padre mio e desidero unire a quest'atto di offerta il maggior numero possibile di uomini viventi sulla terra. Ricevi come mio membro. Il Padre mio, al quale mi dono, si dona continuamente a me nell'unità dello Spirito Santo. Nella misura in cui tu sei uno come me, tu condividi le ricchezze divine *ad modum recipientis*. Ama come mio membro, sforzandoti di amare tutti coloro che io amo e con lo stesso amore con cui io li amo.

Ciò che conta non è il chiasso, essere in primo piano, la pubblicità, ma il legame fedele e generoso con me.

Che penseresti di un raggio che si staccasse dal sole, di un fiume che deviasse dalla sorgente, di una fiamma che si separasse dal focolare?

Lavora in me. Tu sei mio servo. Meglio ancora, sei un mio membro, e tanto più tu lavori per te quanto più agisci per me. Nulla di quanto è compiuto per me va perduto.

Partecipa al mio pensiero eterno su tutte le cose. Non puoi accoglierlo integralmente, poiché è infinito, ma una tale comunione ti varrà qualche luce, o almeno qualche riflesso che renderà più sicura la tua strada quaggiù. L'idea che possiedo sugli uomini e sulla realizzazione dei piani dell'amore divino ti aiuterà a concepirli con maggiore rispetto e stima. E poi ricòrdati che un giorno tu stesso attribuirai agli esseri e alle cose della terra un valore ben diverso da quello che attualmente attribuisci loro.

Attraverso l'amore cresce il mio Corpo Mistico. Attraverso l'amore io ricupero e assumo ogni essere umano al punto da trasfigurarlo divinamente, nella misura in cui è diventato pura carità. Lavora con l'esempio, la parola, gli scritti per suscitare nel cuore degli uomini una carità sempre più intensa. Questo è l'obiettivo da fissare di continuo nelle tue preghiere, nei tuoi sacrifici, nelle tue attività.

Io dirigo ogni cosa nella tua vita, ma ho bisogno della tua collaborazione attiva, per aiutarti a fare liberamente ciò che vuole il Padre mio. Io dirigo tutto nel mondo, ma, per poter effettivamente realizzare i disegni del Padre, aspetto che gli uomini accettino di lavorare liberamente sotto l'influsso conscio o inconscio del mio Spirito.

Io attendo il mondo. Attendo che venga a me liberamente, non solo fisicamente, ma moralmente.

Attendo che accetti di raggiungermi, che unisca la sua miseria a quella che ho provato in vece sua nel Getsemani.

Attendo che unisca le inseparabili sofferenze della sua condizione umana a quelle che ho sopportato in vece sua durante il mio soggiorno terreno, soprattutto durante la mia passione.

Attendo che unisca la sua preghiera alla mia, il suo amore al mio Amore.

Attendo il mondo. Che cosa impedisce ad esso di venire a me e, soprattutto, di ascoltare la mia voce che dolcemente ma instancabilmente lo chiama? È il peccato, che come un catrame vischioso ottunde tutti i sensi spirituali, rende la sua anima opaca alle cose del cielo e imbriglia i suoi movimenti appesantendone il cammino. È lo spirito superficiale, la mancanza di attenzione, l'assenza di riflessione, il turbinio della vita, degli affari, delle notizie, delle relazioni. È la mancanza di amore; eppure, il mondo ne ha sete. Non ha in bocca che questa parola, ma troppo spesso il suo amore non è che sensualità ed egoismo, quando non porta all'odio.

Attendo il mondo per guarirlo, per purificarlo, per detergerlo e ristabilire in esso la vera nozione dei valori...

Però mi sono necessari dei collaboratori, ed è per questo che ho bisogno di te. Sì, ho bisogno di contemplativi che mi aiutino a cancellare le colpe, unendo la loro vita di preghiera, di lavoro e di amore alla mia, completando con l'offerta generosa delle loro sofferenze provvidenziali la mia oblazione redentrice. Ho bisogno di contemplativi, che uniscano le loro invocazioni alla mia preghiera, per ottenere quei missionari ed educatori spirituali, penetrati del mio Spirito, di cui il mondo ha inconsapevolmente sete.

L'importante non è fare molto, ma fare bene; e per fare bene è necessario molto amore.

Per diventare santo ci vuole coraggio, poiché io non voglio fare nulla senza di te; e ci vuole umiltà, poiché non puoi far nulla senza di me.

Io sono il fiume che purifica, che santifica, che spiritualizza e che, sfociando nell'oceano trinitario, divinizza ciò che c'è di meglio nell'uomo rigenerato dall'amore.

I rigagnoli, i rivi e persino i ruscelli, se non sfociano nel fiume, si perdono tra le sabbie, stagnano negli acquitrini e formano paludi nauseabonde. Ciò che devi fare è gettare in me tutto quello che compi e tutto quello che sei. Devi inoltre condurmi tutti i tuoi fratelli: i loro peccati, affinché li perdoni; le loro gioie, affinché le purifichi; le loro preghiere, affinché ne tenga conto; le loro fatiche, affinché attribuisca ad esse valore di omaggio al Padre mio; le loro sofferenze, affinché comunichi ad esse potenza redentrice.

Confluenza! È una parola d'ordine che può salvare l'umanità, poiché è per me, con me, in me, nell'unità dello Spirito Santo che è resa al Padre una gloria totale, tramite la riunificazione di tutti gli uomini.

Sì, io sono il *punto Omega*: verso di me tendono tutti gli affluenti umani, o dovrebbero tendervi, sotto pena di dispersione. Tra questi ci sono i ruscelli dolci e tranquilli; i torrenti che rotolano impetuosi e mi raggiungono in un gorgoglio di schiuma, con tutto ciò che hanno trascinato per via; ci sono le acque fangose, in apparenza giallognole e sporche. Ma dopo poche leghe, grazie all'ossigenazione del mio Spirito, tutto quel che in esse vi è di infetto viene purificato: diventano perfettamente sane e salubri e possono raggiungere le acque del mare.

È questo tutto il gran lavoro che si opera in modo invisibile nella vita degli uomini.

Io sono in uno stato di crescita costante, sia dal punto di vista qualitativo sia dal punto di vista quantitativo.

Nella massa immensa di umanità, in cui individuo ciascuno con il suo nome e lo chiamo con tutto il mio amore, io lavoro e agisco, spiando la più piccola risposta alla mia grazia. In alcuni, la mia grazia è feconda e intensifica la mia presenza: vivono della mia amicizia e testimoniano la mia realtà e il mio amore tra i loro fratelli. In altri, i più numerosi, mi tocca aspettare a lungo prima che mi diano un segno di assenso, ma la mia misericordia è inesauribile, e se appena trovo un briciolo di bontà e di umiltà, io penetro e trasfiguro.

Per questo sono contento che tu non sia troppo inquieto a motivo degli attuali risucchi nella Chiesa. Esiste quello che appare, come il solco lasciato da una nave sull'oceano, ma esiste ben più profondamente tutto quello che si vive nel silenzio delle coscienze, tenuto conto di tutte le circostanze attenuanti che scusano molti atteggiamenti contrastanti.

Semina l'ottimismo intorno a te. Certo, io ti chiedo di lavorare, di diffondere la mia luce con la parola, gli scritti e soprattutto con la testimonianza di una vita che esprima la buona novella di un Dio di amore, il quale ricapitola in sé tutti gli uomini per assumerli, in misura della loro libera adesione, in una vita eterna di felicità e di gioia. Ma, prima di tutto e soprattutto: fiducia. Sono sempre presente, io, l'Eterno Vincitore.

Non complicare la tua vita spirituale. Dònati a me molto semplicemente, cosi come sei. Sii con me senza offuscamento, senza sbavature, senza ombre. Allora potrò crescere più facilmente in te e passare attraverso di te.

Questo mondo passa e va verso l'annientamento, in attesa di cieli nuovi e di terre nuove. Certo, anche se effimero, esso mantiene il suo valore. Io vi ho voluti e vi ho scelti in mezzo al mondo, questo mondo, in questa epoca. Ciò non toglie che, pur servendolo per sacralizzarlo, non dovete rimanerne invischiati. La vostra missione è diversa. Si tratta, per voi, di aiutarlo ad attuare il piano di amore che il Padre ha concepito nel crearlo. Questo disegno rimane tuttora misterioso, ma un giorno vedrai fino a che punto era meraviglioso.

Sono già numerosi i tuoi confratelli e amici entrati nell'eternità. Se potessi vedere lo sguardo di pietà, eppur cosi carico di indulgenza, con il quale essi considerano ciò che tanti uomini reputano valori! Troppo spesso non si tratta che di«apparenze» transitorie, che nascondono ai loro occhi le realtà durevoli, le uniche importanti.

Il mondo soffre terribilmente per mancanza di educazione spirituale e ciò in gran parte è il risultato delle carenze di quanti dovrebbero essere guide e trascinatori. Ma non può essere educatore spirituale autentico se non colui che fa ricorso umilmente alla mia luce e, contemplando assiduamente i miei misteri, traduce il mio Vangelo in tutta la sua vita.

Ho bisogno più di apostoli che siano contemplativi e testimoni, che non di sociologi e di teologi da tavolino, i quali non pregano la loro teologia e non mettono in accordo la loro vita con ciò che insegnano.

In quest'epoca, troppi uomini, troppi preti si credono orgogliosamente autorizzati a riformare la mia Chiesa, invece di iniziare col riformare se stessi e col formare, intorno a sé e con umiltà, discepoli fedeli non a ciò che essi pensano, ma a ciò che penso io!

Ti è già stato detto e hai potuto constatarlo: l'umanità attraversa una crisi di follia e si agita in ogni senso, senza nessuna idea spirituale, che pure la aiuterebbe a riprendere fiato in me e a stabilizzarsi.

Soltanto un esiguo drappello di anime contemplative può impedire questo profondo squilibrio che porta alla catastrofe, e ritardare, in tal modo, l'ora delle grandi espiazioni. Quanto tempo ancora durerà? Questo dipende dalla disponibilità delle anime che ho scelto.

Ho vinto il mondo, il male, il peccato, l'inferno, ma perché la mia vittoria sia evidente, bisogna che l'umanità accetti liberamente la salvezza che le offro.

Finché siete sulla terra, potete intercedere a nome di quanti non ci pensano, potete crescere nella mia amicizia in favore e in riparazione di quanti mi rifiutano e si allontanano da me, potete offrire sofferenze fisiche e morali in unione alle mie, a nome di quanti le subiscono in spirito di rivolta.

Nulla di quanto mi permettete di assumere per amore diventa inutile. Voi non sapete dove vada a finire tutto ciò, ma siate certi che produce frutti.

Ricapitoliamo *insieme* tutti gli sforzi e tutti i passi, anche vacillanti, dell'umanità verso di me. Unisci alle mie le loro preghiere, anche se inespresse; i loro movimenti, anche se ambigui; i loro atti di bontà, anche se imperfetti; le loro gioie più o meno pure, le loro sofferenze più o meno accettate, le loro agonie più o meno coscienti, nell'ora della verità e, soprattutto, le loro morti che si identificano con la mia: così, insieme, noi provocheremo un accrescimento di tensione verso Colui che solo può dare il segreto della pace e della felicità vera.

Grazie a questa trilogia: ricapitolazione con assunzione di corresponsabilità, unione per confluenza e suscitazione, nella fede, di benefici spirituali invisibili, io sono vittorioso in molti che rimangono sorpresi della semplicità delle mie vie e della forza della mia tenerezza divina.

Non c'è nulla di meschino, nulla di piccolo quando si lavora o si soffre in unione con me che riunisco tutti gli uomini. La dimensione universale è essenziale ad ogni cristiano, a maggior ragione ad ogni sacerdote. Oltre te, io vedo tutte le anime che ho legato alla tua. Vedo le loro miserie, il bisogno che possono avere del mio aiuto attraverso di te; io adatto il tuo genere di vita sia al piano d'amore del Padre, sia alle necessità presenti, modificate dalla libertà umana. Tutto avviene nella sintesi dei disegni divini che sanno trarre il bene dal male e fanno zampillare l'amore, persino laddove la cattiveria e la stupidità umana sembrano fare ostacolo.

Il mondo dei cristiani è troppo agitato, troppo rivolto verso l'esterno, anche quello di molti sacerdoti e suore. Eppure, solo nella misura in cui mi si accoglie, mi si desidera, si cerca di aprirsi totalmente al mio amore, la vita cristiana e la vita apostolica sono piene di gioia e di fecondità.

Soltanto io faccio il bene che dura: ho bisogno di servitori e di strumenti che siano canali di grazie e non ostacolo ai miei benefici spirituali, con le loro dissipazioni e con le ambiguità della ricerca di se stessi nel loro operare.

Certamente, voglio che i miei fedeli siano liberi creatori, ma insieme a me, secondo il piano del Padre mio.

Tuttavia non dimentichino mai che, pur se li chiamo a collaborare con me, di per se stessi non sono che poveri servi.

Solo nella misura in cui dimorano in me e mi permettono di agire in essi la loro vita è feconda.

Ciascuno ha un itinerario che gli è proprio. Se è fedele, nell'abbandono e nella serenità, noi cammineremo insieme; e se mi invita a rimanere con sé, mi riconoscerà attraverso i dettagli più ordinari della sua vita e il suo cuore brucerà d'amore per il Padre mio e per gli uomini.

Ricapitola in te l'umanità sofferente e getta in me tutte le miserie del mondo. In tal modo mi permetti di renderle feconde e di aprire molti cuori ancora ermeticamente chiusi. Io ho tutti i mezzi per invadere, penetrare, guarire, ma voglio utilizzarli soltanto con il tuo concorso. C'è certamente il concorso della parola, dell'azione, della testimonianza: ma ho soprattutto bisogno di quello dell'unione silenziosa con me, nella gioia come nella sofferenza. Rièmpiti di me a tal punto che, pur senza sospettarlo, mi si senta in te e si ricavino benefici dalla mia divina influenza attraverso di te.

Tra i giovani esistono più possibilità di bene di quanto non si creda. Ciò di cui hanno bisogno è di essere ascoltati e presi sul serio.

Quante lacune nella loro educazione! Ma la maggior parte di essi si interroga, vuole riflettere ed è felice di essere compresa.

Pensa ai milioni di giovani ventenni che costruiranno il mondo di domani e che mi cercano più o meno coscientemente. Offrili spesso all'azione dello Spirito Santo. Anche se non lo conoscono molto bene, la sua azione luminosa e dolce li penetrerà, li orienterà verso la costruzione di un mondo più fraterno, invece di voler stupidamente distruggere tutto.

Il tempo di creare, di organizzare, di realizzare non è più per te. Ma ti riservo una missione nascosta della quale i più giovani beneficeranno e da cui trarranno dinamismo. Questa missione interiore e invisibile è di servire di raccordo tra me e loro, di ottenere ad essi i carismi necessari per una vera efficacia apostolica. Prendili tutti in blocco, ogni età, ogni condizione, ogni razza, e offrili gioiosamente alle radiazioni della mia umiltà e del mio silenzio eucaristico.

Mitezza e umiltà vanno di pari passo e senza queste due virtù l'anima si sclerotizza, nonostante che le sue qualità umane e spirituali la facciano esteriormente brillare.

A che serve all'uomo mettersi in mostra, raccogliere pubblicità, applausi e complimenti, se perde il segreto del suo influsso benefico a servizio del mondo e della Chiesa?

Niente è più subdolo del veleno dell'orgoglio in un'anima sacerdotale. Tu stesso lo hai sperimentato spesso. Accogli in te i tuoi confratelli, in particolare coloro ai quali i successi, apparenti ed effimeri, rischiano di far girare la testa.

Se invece di pensare solo a se stessi si pensasse un poco di più a me! È su questo punto che la vita contemplativa, vissuta fedelmente, porta una sicurezza e un equilibrio preziosi.

SOFFERENZA, CONDIZIONE DI VITA

Dimènticati. Rinnègati. Decèntrati da te stesso. Io te ne offro la grazia. Chiedimela con insistenza. Te la concederò ancora di più.

Se accetto di calarti nella mia sofferenza, lo faccio per permetterti di lavorare efficacemente alla conversione, alla purificazione, alla santificazione di molte anime legate alla tua. Io ho bisogno di te ed è normale che in questa fase meritoria della tua vita (si tratta del resto solo di una fase transitoria) tu possa comunicare alla mia Passione redentrice. Sono queste le ore più feconde della tua esistenza. Gli anni passano presto. Ciò che rimarrà nella tua vita è l'amore col quale avrai offerto e avrai sofferto.

Sulla terra non c'è nulla di fecondo senza il dolore accettato con umiltà, sopportato con pazienza, in unione con me, che lo soffro in voi, lo risento in voi, lo provo attraverso di voi.

Pregare, soffrire, offrire equivale a far trascorrere la propria vita nella mia, e permettere in questo modo alla mia vita d'amore di trascorrere nella vostra vita.

Soffri con la mia sofferenza. Non esistono soltanto le indicibili sofferenze del mio passaggio sulla terra, e in particolare, della mia Passione, ma tutti i dolori che provo e assumo in tutte le membra del mio Corpo Mistico.

Grazie a questa offerta, l'umanità si purifica e si spiritualizza. Sta a te penetrare nel movimento del mio amore, comunicando dal di dentro alla mia sofferenza redentrice.

I tre cari apostoli che avevo preferito e scelto con cura, che erano stati i testimoni della mia gloria sul Tabor, si erano addormentati mentre sudavo sangue nel Getsemani.

Non bisogna valutare la fecondità spirituale con criteri umani.

Desidero che il tuo amore sia più forte della tua sofferenza; il tuo amore per me, che ne ho bisogno per permettere al mio di essere efficace; il tuo amore per gli altri, per mezzo del quale orienti in loro favore la mia azione salvifica.

Se ami con passione, la sofferenza ti sembrerà più sopportabile e me ne ringrazierai. Tu mi aiuti, più di quanto non pensi, ma più amore metterai nell'accettare ciò che ti dono di soffrire, sempre più sarò io che soffrirò in te.

Quelli che soffrono in unione con me sono i primi missionari del mondo.

Se vedessi il mondo dal di dentro, come lo vedo io, ti renderesti conto della necessità che ci siano quaggiù esseri di buona volontà, nei quali io possa continuare a soffrire e a morire per spiritualizzare e vivificare l'umanità.

Di fronte al cumulo di egoismo, di lussuria, di orgoglio che rende le anime opache alla mia grazia, la predicazione e persino la testimonianza non bastano più: ci vuole la croce.

Per avere la forza di fare un sacrificio quando se ne presenta l'occasione durante la giornata, non guardare ciò di cui il sacrificio ti priva, guarda me, e accogli la forza che io sono pronto a concederti attraverso il mio Spirito.

Non è necessario sentire la mia presenza e la mia pace; per questo permetto talvolta la prova spirituale e una certa penosa aridità, condizione di purificazione e di merito. Ma avere una percezione sensibile della mia presenza, della mia bontà, del mio amore, è certamente un incoraggiamento prezioso, da non disdegnare. Per questo motivo tu hai il diritto di desiderarlo e di chiedermelo. Non ritenerti più forte di quanto non sia. Senza un simile sostegno, ti rimarrebbe a lungo il coraggio di continuare?

Vieni a me con fiducia. Conosco meglio di te quello che c'è in te e tu sei qualcosa di me. Chiamami in aiuto: ti sosterrò e tu imparerai a sostenere gli altri.

Sii fedele nell'offrirmi qualche sacrificio volontario, almeno tre volte al giorno, per la gloria delle tre persone divine. È una piccola cosa, ma tale pochezza, se tu vi rimani fedele, sarà davvero preziosa, e ti otterrà un più grande aiuto della mia grazia nell'ora della più grande sofferenza.

La tua prima reazione, quando soffri, sia quella di unirti a me, che condivido con te stesso il dolore che ti prova. La tua seconda reazione sia di offrirlo con tutto l'amore di cui ti senti capace, unendolo alla mia incessante oblazione. E poi, non pensare troppo a te: tu non fai che passare... Pensa a me, che non tralascio di assumere fino alla fine dei tempi le sofferenze degli uomini sulla terra, per utilizzare a vantaggio di tutti quelle in cui passa almeno un piccolo fiotto d'amore.

Quando ti senti povero e debole, avvicìnati di più a me. Forse non avrai delle grandi idee, ma il mio Spirito ti invaderà e ciò che avrai assimilato, a tua insaputa, sgorgherà a tempo opportuno, per il maggior bene di molte anime.

Ripetimi, con tutto l'ardore di cui sei capace, il tuo desiderio di farmi amare.

Ripetimi il tuo desiderio di vivere solo per me nel servizio dei tuoi fratelli e di essere posseduto da me.

Sii generoso in questa «ricerca» di me, poiché essa presuppone un minimo di ascesi. Checché se ne dica, senza questo minimo, non è possibile una vita contemplativa; e senza vita contemplativa, non c'è vita missionaria autentica e feconda. Allora si ha la sterilità, l'amarezza, la delusione, l'oscuramento dello spirito, l'indurimento del cuore... e la morte.

Le mie vie sono talvolta sconcertanti, lo so, ma trascendono la logica umana. Nell'umile sottomissione alla mia condotta troverai sempre più la pace e, inoltre, ti sarà accordata una misteriosa fecondità.

Essere, quando lo voglio io, diminuito, lasciato da parte, non utilizzato, non significa essere inutile, al contrario. Io non agisco mai tanto, come quando il mio servo non vede ciò che opero tramite lui.

Nella misura in cui lo puoi, pensa a tutte le sofferenze umane sopportate. in questo momento sulla terra. La maggior parte di coloro che le provano non ne capiscono il significato, non comprendono il tesoro di purificazione, di redenzione, di spiritualizzazione che esse costituiscono. Sono relativamente rari coloro che hanno ricevuto la grazia di capire la potenza salvifica del dolore quando è calato nel mio.

Attraverso tutti i sofferenti della terra, io sono in agonia fino alla fine del mondo; ma che i miei apostoli non lascino perdere tutto questo sforzo di oblazione umana, che permette alla mia oblazione divina di far cadere sull'umanità la pioggia di benefici spirituali di cui ha tanto bisogno.

Ti avevo avvertito che avresti avuto da soffrire molto; che sarei stato vicino a te, in te; e che non avresti sofferto oltre le tue forze sostenute dalla mia grazia.

Non sono forse io che ti ho sostenuto, suggerendoti continuamente questo trittico: «Io assumo... Io mi ricongiungo... Io suscito...»?

Si, assumi in te tutte le sofferenze umane, persino con quello che possono avere di ambiguo – tutte le insonnie, tutte le agonie, tutte le morti – e poi uniscile alle mie; secondo il principio della confluenza, ricongiungiti al gran fiume purificatore e divinizzatore che io sono per il mondo; e sii, finalmente, davvero convinto che per mezzo di questa congiunzione tu susciti molteplici benefici spirituali a un gran numero di fratelli ignoti.

Quante anime sconosciute vengono pacificate, consolate, confortate. Quanti spiriti tu puoi, in tal modo, aprire alla mia Luce, quanti cuori alla mia Fiamma! Ed essi non sapranno mai da dove è venuto loro un tale supplemento di grazia.

Si può essere prete completo senza essere in qualche modo ostia? Lo spirito di immolazione fa parte integrante dello spirito sacerdotale: se il prete non ha capito questo, vivrà un sacerdozio mutilato. In rivolta alla prima prova, egli passerà dalla frustrazione all'amarezza e perderà il tesoro che gli ho posto tra le mani. Soltanto il sacrificio è producente. Senza di esso, l'attività più generosa diventa sterile. Certo il Getsemani non c'è tutti i giorni, il Calvario non c'è tutti i giorni, ma il prete degno di questo nome deve sapere che incontrerà l'uno e l'altro, in forma adatta alle sue possibilità, in vari momenti della sua esistenza. Questi momenti sono i più preziosi e i più fecondi.

Non è con i bei sentimenti che si salva il mondo, ma comunicando in tutto a *Me*, anche alla mia oblazione redentrice.

Gli ultimi anni di vita, quando la vecchiaia, col suo corteo di infermità, limita maggiormente l'essere umano, sono i più fecondi per il servizio della Chiesa e del mondo. Accetta questa situazione e insegna a coloro che ti circondano che posseggono, proprio in questo, il segreto di una potenza spirituale impensata.

Chi soffre con me vince sempre.

Chi soffre da solo è davvero da compiangere. Perciò ti ho chiesto spesso di raccogliere tutte le sofferenze umane, e di unirle alle mie, affinché possano acquistare valore ed efficacia. Questa confluenza è il grande mezzo per ottenere sollievo.

Lungi dal rinchiudere il tuo cuore in se stesso, la tua sofferenza deve aprirlo su tutte le altre sofferenze che incontri, come su tutti i dolori umani che neppure sospetti. Con tale partecipazione e oblazione tu compi nel modo migliore il tuo ministero sacerdotale. Non c'è in tutto ciò ambiguità alcuna, nessuna ricerca di te stesso, ma totale disponibilità alla sapienza del Padre mio.

Da circa un mese ti trovi sovente sulla croce, ma hai potuto rilevare che, malgrado gli inconvenienti piccoli e grandi che ne risultano, la mia presenza non ti è mai mancata, per completare nella tua carne ciò che manca alla mia Passione, a vantaggio del mio Corpo che è la Chiesa. Non hai dovuto soffrire oltre il sopportabile, e se ti senti alquanto indebolito, specie in certi momenti, supplisco io in te alle tue insufficienze: molte cose si aggiustano meglio che se te ne occupassi personalmente.

Io accetto le lunghe ore insonni, quando ti sforzi di unirti alla mia preghiera in te. Anche se le tue idee sono confuse, se trovi a fatica le parole per esprimerle, io leggo dentro di te ciò che mi vuoi dire e anch'io ti parlo silenziosamente, a modo mio.

In questo periodo hai bisogno di molta calma, comprensione e bontà. Sia questo il ricordo che rimane di te.

Sei nell'ora nella quale l'essenziale deve prendere il posto dell'urgente e, a maggior ragione, dell'accessorio. Ebbene, l'essenziale sono io e la mia libertà di azione nel cuore degli uomini.

Forse è bene ricordare che queste parole sono state scritte dal Padre Courtois due giorni prima della sua morte, sopraggiunta nella notte tra il 22 e il 23 settembre 1970

SII UMILE

Dimènticati. Rinnègati. Interèssati a me e ti ritroverai al tuo posto, senza averlo cercato. Ciò che conta, è il cammino in avanti, l'ascensione del mio Popolo. Ciò che conta è l'insieme e ciascuno nell'insieme. Lascia che diriga la mia grande opera come intendo io. Ho bisogno molto più della tua umiltà che non dalla tua azione esteriore. Ti utilizzerò come meglio credo. Non hai nessun conto da chiedermi, né io ho alcun conto da renderti. Sii malleabile. Sii disponibile. Sii totalmente in mia mercé, in agguato della mia volontà. Strada facendo, ti mostrerò ciò che mi aspetto da te. Tu non vedrai immediatamente lo scopo, ma io lavorerò attraverso di te, mi si scoprirà in te sempre più spesso. Senza che te ne renda conto, farò passare attraverso di te la mia luce e la mia grazia.

Quasi tutte le difficoltà umane vengono dall'orgoglio umano. Chiedimi la grazia del distacco da tutte le vanità e ti sentirai più libero per venire a me e riempirti di me. È assolutamente nulla tutto ciò che non è me, e spesso le dignità umane fanno da schermo alla mia presenza, nella misura in cui coloro che ne sono rivestiti ne divengono prigionieri.

Io ti accolgo quando ti senti «nulla», «di poca importanza», quando fisicamente ti senti debole, annientato. Non temere, allora sono Io il tuo rimedio, il tuo soccorso e la tua forza. Tu sei nelle mie mani. Io so dove ti conduco.

Ti faccio passare attraverso l'umiliazione. Accettala con amore e fiducia. È il più bel regalo che io possa farti. Anche e soprattutto se è aspra, essa comporta tali elementi di fecondità spirituale che, se vedessi le cose come le vedo io, non vorresti essere umiliato di meno. Se tu sapessi ciò che può scaturire dalle tue umiliazioni unite alle mie! La grande opera dell'amore si realizza a forza di sofferenze, di umiliazioni e di carità oblativa. Il resto è così terribilmente illusorio! Quanto tempo perduto, quante sofferenze sciupate, quanti lavori in pura perdita, perché intaccati dal verme dell'orgoglio o della vanità!

Più comprenderai che sono io ad agire negli altri attraverso ciò che ti ispiro di dire loro, più la tua influenza su di essi si intensificherà e tu vedrai diminuire l'opinione che hai di te stesso. Penserai: «Non è il frutto del mio sforzo personale, Gesù era in me. Il merito e la gloria devono ritornare a lui».

Non inquietarti per l'affievolirsi di alcune tue facoltà, ad esempio la memoria. Non è dalla loro intensità che io giudico il valore degli uomini; il mio amore supplisce alle deficienze e alle mancanze umane. Ciò fa parte dei limiti imposti dall'età alla natura umana, e ti fa capire meglio la contingenza di ciò che passa e, dunque, di ciò che non è necessario.

È anche bene che tu ti convinca, ridimensionandoti, che da te stesso non sei nulla e non hai diritto a nulla. Utilizza con gioia tutto quel poco che ti lascio, con un senso di gratitudine per le esigue possibilità che ti sono ancora concesse. Nulla ti sarà tolto di quanto ti occorre per adempiere giorno dopo giorno la tua missione, ma lo utilizzerai in modo più puro, perché più cosciente dell'assoluta gratuità e della precarietà dei doni messi a tua disposizione.

È normale che talvolta tu sia incompreso, che le tue più oneste intenzioni siano deformate e che ti si attribuiscano sentimenti e decisioni che non vengono da te. Resta sereno e non lasciarti condizionare da cose di questo tipo. Lo stesso è accaduto per me, e ciò contribuisce alla redenzione del mondo.

Sii mite. Le occasioni per affermare il tuo buon diritto possono essere numerose, ma la logica divina non è la logica umana. Dolcezza e pazienza sono figlie del vero amore, che sa cogliere le attenuanti e stabilisce la giustizia nella vera equità.

Imita il più possibile la mia mitezza. La mia soavità non è sdolcinatezza. Il mio Spirito è al tempo stesso unione e forza, bontà e pienezza di potenza. Ricòrdati: beati i miti, poiché possederanno la terra e conserveranno il dominio di se stessi. Meglio ancora, già posseggono me e sono in grado di rivelarmi più facilmente agli altri.

Il mio grado di irradiazione in un'anima dipende dall'intimità della mia presenza. Ebbene, io non sono mai tanto presente come quando ritrovo in un cuore umano la mia dolcezza e la mia umiltà. Nella misura in cui rinunci a ogni idea di superiorità tu mi permetti di crescere in te, e questo, lo sai, è il segreto di ogni vera fecondità spirituale. Chiedimi di essere umile come io ti desidero, senza ombra di civetteria, ma in tutta semplicità.

L'umiltà facilita l'incontro dell'anima con il suo Dio e getta una luce nuova sui problemi della vita di ogni giorno. Allora io divento davvero il centro della tua vita. Per me tu agisci, scrivi, parli e preghi. Non sei più tu a vivere, sono io che vivo in te. Io divento *tutto* per te e tu mi ritrovi in tutti coloro ai quali ti rivolgi. La tua accoglienza, allora, è più benevola, la tua parola è più genuina portatrice del mio pensiero, i tuoi scritti sono in più giusta misura l'espressione del mio Spirito: ma quanto devi svestirti del tuo io!

La tua umiltà sia leale, fiduciosa e costante. Chiedimene la grazia. Più sarai umile, più penetrerai nella mia luce, e più la diffonderai intorno a te.

Senza condividere già la pienezza della gioia eterna che sarà tua, potrai fin da ora farne ricadere alcuni riflessi sulla tua anima e farli risplendere intorno a te.

Sii sempre più un servitore della mia bontà, della mia umiltà, della mia gioia.

Le tue umiliazioni mi sono ancora più utili dei tuoi successi. Le tue rinunce mi sono ben più utili delle tue soddisfazioni. Come puoi inorgoglirti di ciò che non ti appartiene? Tutto ciò che sei, tutto ciò che hai ti è dato soltanto in prestito, come i talenti di cui dice il Vangelo. La tua stessa collaborazione, così preziosa ai miei occhi, non è che il frutto della mia grazia, e quando ricompenserò i tuoi meriti, saranno in realtà i miei doni che io premierò. In proprio ti appartengono soltanto i tuoi errori, le tue resistenze, le tue ambiguità, che solo la mia inesauribile misericordia può cancellare.

DAMMI FIDUCIA

Lascia fare a me. Avrai tutte le illuminazioni e gli aiuti necessari, se renderai più intensa la tua fusione di volontà con me. Non aver paura. Ti ispirerò in tempo utile le soluzioni secondo il mio cuore e ti accorderò anche i mezzi temporali per realizzarle. Non ti sembra una buona cosa se lavoriamo insieme?

Devi lavorare ancora molto per me, ma io sarò la tua ispirazione, il tuo sostegno, la tua luce e la tua gioia. Abbi un solo desiderio: che io possa servirmi di te come intendo, senza conti da renderti né spiegazioni da darti. Questo è il segreto del Padre e del nostro piano d'amore. Non turbarti né per contraddizioni, opposizioni, incomprensioni, calunnie, né per oscurità, nebbie, incertezze;

sono cose che arrivano e passano, ma servono a fortificare la tua fede e darti l'occasione di rendere feconda la mia redenzione a vantaggio della tua innumerevole posterità.

Voglio che la tua vita sia una testimonianza di fiducia. Io sono colui che non delude mai e dona sempre più di quanto promette.

Ti sono vicino e non ti abbandono:

- anzitutto perché sono l'Amore: se sapessi fin dove puoi essere amato!
- e poi perché mi servo di te molto di più di quanto non pensi.

Poiché ti senti debole, sei forte della mia Forza, potente della mia Potenza.

Non contare su di te, conta su di *Me*.

Non contare sulla tua preghiera. Conta sulla mia preghiera,

l'unica che valga.

Unisciti ad essa.

Non contare sulla tua azione, né sulla tua influenza. Conta sulla mia azione e sulla mia influenza.

Non aver paura. Dammi fiducia.

Preòccupati delle mie preoccupazioni.

Quando sei debole, povero, nella notte, in agonia, sulla

croce... offri la mia offerta essenziale, incessante, universale.

Unisci la tua preghiera alla mia preghiera. Prega con la mia preghiera. Unisci il tuo lavoro ai miei lavori, le tue gioie alla mia gioia, le tue pene, le tue lacrime, le tue sofferenze alle mie. Unisci la tua morte alla mia morte.

Adesso, per te, molte cose sono «mistero», ma saranno luce e motivo di rendimento di grazie nella gloria. Anzi, è in questo chiaroscuro della fede che si fanno le opzioni in mio favore e si acquistano i meriti ai quali sarò io stesso l'eterna ricompensa.

Desidera che tutti mi amino. I tuoi atti di desiderio valgono tutti gli apostolati.

Gli anni che ti restano da vivere sulla terra non saranno i meno fecondi. Sono un po' come l'autunno, la stagione dei frutti e delle splendide tinte delle foglie che stanno per cadere; sono un po' come lo splendore dei tramonti del sole: ma tu devi scomparire progressivamente in me; nell'oceano del mio amore troverai il tuo rifugio eterno; nella mia vita di gloria abbandonerai la tua anima inebriata di luce.

Sii sempre più disponibile. Abbi fiducia. Ti ho condotto per strade apparentemente sconcertanti, ma non ti ho mai abbandonato e mi sono servito di te, a modo mio, per realizzare lo stupendo disegno d'amore che NOI abbiamo tessuto da tutta l'eternità.

Convinciti che io sono la dolcezza e la bontà perfette – e ciò non m'impedisce di essere giusto – poiché vedo le cose in profondità, nella loro dimensione esatta, e posso misurare bene fino a qual punto i vostri sforzi, per quanto piccoli, sono meritori. Per questo sono anche mite e umile di cuore, pieno di tenerezza e di misericordia.

Ah! che non abbiano paura di me. Predica la fiducia, l'ottimismo e raccoglierai nelle anime nuovi slanci di generosità. L'eccessivo timore rattrista e chiude. La gioia fiduciosa apre e dilata.

Chiedi con fede, con forza, perfino con fiduciosa insistenza. Se non sei esaudito subito, secondo le tue attese, lo sarai un giorno non lontano e nel modo che tu stesso avresti desiderato, se vedessi le cose come io le vedo.

Chiedi per te, ma anche per gli altri. Fai trascorrere

nell'intensità delle tue invocazioni il mare delle miserie umane. Assumile in te e portale alla mia presenza.

Chiedi per la Chiesa, per le Missioni, per le Vocazioni.

Chiedi per coloro che hanno tutto e per coloro che non hanno niente, per coloro che sono tutto e per coloro che non sono niente, per coloro che fanno tutto – o credono di fare tutto – e per coloro che non fanno niente, o credono di non fare niente.

Prega per coloro che sono fieri della loro forza, della loro giovinezza, dei loro talenti, e per coloro che si sentono diminuiti, limitati, sfiniti.

Prega per i sani che non si rendono conto del privilegio della integrità del loro corpo e del loro spirito, e per gli infermi, i deboli, i poveri anziani che sono assillati da ciò che non va.

Prega soprattutto per coloro che muoiono o stanno per morire.

Dopo ogni tempesta ritorna il silenzio. Non sono forse io Colui che calma i flutti scatenati quando mi invocate?

Dunque, fiducia sempre e prima di tutto. Quando soffrite, pensate che soffro con voi, che provo in me stesso ciò che voi provate. Io vi invio sempre il mio Spirito nel giusto momento. Se saprete fargli buona accoglienza. Egli vi aiuterà a passare con amore attraverso quella prova, traendo dalla croce la sua massima efficacia redentrice. Lo ripeto, fiducia: Io sono in voi per tessere i fili della vostra vita e intrecciarli, secondo i disegni del Padre, a quelli dei vostri fratelli. L'arazzo verrà scoperto in tutta la sua bellezza soltanto in cielo, quando la sua trama sarà svelata e risolta.

La fiducia è l'espressione d'amore che più mi onora e mi commuove.

Nulla mi fa soffrire quanto lo scoprire un residuo di sfiducia in un cuore che vorrebbe amarmi.

Dunque, non tormentare troppo la tua coscienza. Rischi di scorticarla. Chiedi umilmente al mio Spirito di illuminarti e di aiutarti ad eliminare tutti i miasmi che ti avvelenano. Non sai forse con certezza che ti amo? E questo non dovrebbe bastarti?

Ti voglio al mio servizio pieno di gioia. La gioia dei servitori onora il Padrone, e la gioia degli amici onora il grande Amico.

In ogni attimo ho delle attenzioni per te. Tu te ne accorgi solo qualche volta, ma il mio affetto per te è costante e se vedessi che cosa faccio per te rimarresti meravigliato... Non hai nulla da temere, anche quando sei nella sofferenza: io sono sempre presente e la mia grazia ti sostiene, perché tu la faccia valere a profitto dei tuoi fratelli. E poi, ci sono tutte le benedizioni di cui ti ricolmo durante la giornata, la protezione di cui ti circondo, le idee che faccio germogliare nel tuo spirito, i sentimenti di bontà che ti ispiro, la simpatia e la fiducia che effondo intorno a te e molte altre cose ancora che tu neppure immagini.

Sotto l'influsso del mio Spirito fai crescere sia la *fiducia* nella mia potenza misericordiosa sia il *desiderio* di invocarla in tuo aiuto e in aiuto della Chiesa.

Non ottieni di più perché non riponi abbastanza la tua fiducia nella mia misericordia e nella mia tenerezza per te. La fiducia che non si rinnova si indebolisce e svanisce.

Fai bene a reagire contro il pessimismo delle conversazioni. La storia dimostra fino a qual punto io sappia far scaturire il bene dal male. Non bisogna giudicare dalle apparenze. Il mio Spirito agisce nei cuori in modo invisibile. Spesso è nelle grandi prove e catastrofi che si realizza la mia opera e si estende il mio regno interiore. Si, nulla va meglio di quando le cose vanno male, poiché nulla accade senza che io lo sopporti con voi e a vantaggio del mio popolo.

Affidati a me fiduciosamente. Non cercare neppure di sapere dove ti conduco. *Tienti stretto a me* e procedi senza esitare, a occhi chiusi, abbandonato a me.

Mettiti con fiducia al seguito del mio vicario, il successore di Pietro. Non sbagli se ti sforzi di vivere e pensare in accordo con lui, poiché in lui sono io a essere presente e a insegnare ciò di cui l'umanità ha bisogno nei tempi attuali.

Non c'è niente di più pericoloso quanto il separarsi, anche solo interiormente, dalla Gerarchia. Ci si priva della «gratia capitis»; si giunge via via all'oscuramento dello spirito, all'indurimento del cuore: sufficienza, orgoglio e presto... catastrofe.

Dammi sempre più fiducia. La tua luce, sono io; la tua forza, sono io; la tua potenza, sono io. Senza di me saresti soltanto tenebra, debolezza e sterilità. Con me non c'è nessuna difficoltà di cui tu non possa riuscire vincitore, ma non trarne gloria o vanità. Ti attribuiresti in modo indebito ciò che non ti appartiene. Lavora più spesso in dipendenza da me.

Dammi fiducia. Se talvolta ho bisogno della tua sofferenza per compensare molte ambiguità e resistenze umane, non dimenticare che non sarai mai provato oltre le tue forze corroborate dalla mia grazia. *«Il mio giogo è soave e il mio carico leggero»*. E per amore, a te e al mondo, che ti associo alla mia redenzione; ma io sono più che tutto tenerezza, delicatezza, bontà.

Ti darò sempre gli aiuti materiali (salute, risorse, collaborazioni, ecc.) e spirituali (dono della parola, del pensiero e della penna) di cui avrai bisogno per compiere la missione che ti ho affidato. E tutto ciò giorno dopo giorno, in dipendenza da me, l'unico che rende feconda la tua attività e le tue sofferenze.

Guida coloro che ti affido sulle vie di un amore umile e fiducioso nella mia tenerezza divina. Se le anime avessero più fiducia in me e mi trattassero con affetto rispettoso e profondo, come si sentirebbero più aiutate e al tempo stesso più amate! Io vivo nell'intimo di ciascuna di esse, ma sono poche quelle che si preoccupano di me, della mia presenza, dei miei desideri, dei miei aiuti. Io sono Colui che dona e vuole donare sempre di più, ma è necessario che mi si desideri e si faccia affidamento su di me.

Ti ho guidato sempre e la mia mano misteriosa ti ha sostenuto e molto spesso, a tua insaputa, ti ha impedito di vacillare. Concedimi dunque tutta la tua fiducia, con grande umiltà e lucida coscienza della tua debolezza, ma con grande fede nella mia potenza.

Comunica alla mia eterna giovinezza. Tu stesso rimarrai sorpreso quando mi vedrai in paradiso. Non solo sono eternamente giovane, ma rendo giovani tutte le membra del mio corpo mistico. Non solo sono la Gioia, ma ravvivo con una gioia ineffabile tutte le cellule del mio corpo. Resta giovane di spirito e ripeti a te stesso, qualunque cosa accada: «Gesù mi ama ed è sempre presente».

UNISCITI ALLA MIA PREGHIERA

Unisciti alla mia preghiera. Essa è costante, è potente, è adeguata a tutti i bisogni della gloria del Padre mio e della spiritualizzazione dell'umanità.

Getta la tua preghiera nella mia. Tu stesso fatti preghiera con me. Io conosco le tue intenzioni meglio di te. Confìdamele tutte assieme. Unisciti a ciò che chiedo io: unisciti ciecamente, come colui che non sa si rifugia in colui che sa, come colui che non può nulla si rifugia in colui che può tutto.

Sii la goccia d'acqua sperduta nel getto potente della Fontana Viva che zampilla fino al cuore del Padre. Làsciati assumere, làsciati trascinare, e resta in pace. Tu operi il bene aderendo a me più che non con sforzi ripetuti e sterili, perché solitari.

Rimarresti meravigliato al vedere quello che operi quando ti getti in me e ti unisci alla mia preghiera nell'oscurità della fede.

Non ti impedisco di avere delle intenzioni e di fartmele conoscere, ma partecipa soprattutto alle mie. Poiché sei una piccola parte di me, interèssati maggiormente alle mie intenzioni che non alle tue.

Io sono preghiera sostanziale, adorazione adeguata all'immensità del Padre, lode degna delle sue infinite perfezioni (nessuno conosce il Padre come il Figlio): azione di grazie per la sua totale bontà, oblazione espiatrice per tutti i peccati degli uomini, domanda cosciente e lucida per tutti i bisogni temporali e spirituali dell'umanità.

Io sono preghiera universale in corrispondenza a tutti i doveri dell'universo verso il Padre: universo materiale, universo umano...

- in corrispondenza a tutte le necessità della creazione e di tutte le creature,
- preghiera attraverso tutto e attraverso tutti, ma bisognosa della vostra unione, della vostra adesione perché ad essa si aggiunga il carattere meritorio della preghiera umana.

Se sapeste quanto sono in cerca di questo contributo meritorio dei miei fratelli, che dia alla *preghiera che io sono* quella pienezza, quel complemento che io concedo ad essi di potermi offrire!

Unisciti alla mia preghiera in te, negli altri, nell'Eucaristia.

In te, perché ti sono presente, non cessando mai di offrire al Padre tutto ciò che sei, tutto ciò che pensi, tutto ciò che fai, in omaggio d'amore, di adorazione, di ringraziamento. Sono pronto ad accogliere tutte le tue domande e a prenderle su di me. Potresti ottenere tanto, se sapessi davvero inserire la tua preghiera nella mia!

Negli altri, poiché sono presente in un modo unico, e diversissimo, in ciascuno degli uomini tuoi fratelli, in tutti coloro che ti circondano, in tutti coloro che in apparenza sono lontani, ma che attraverso di me ti sono tanto prossimi.

Nell'Eucaristia, poiché in essa sono presente nella pienezza della mia umanità, in stato di oblazione, a vantaggio di tutti coloro che accettano di assimilare la loro offerta alla mia.

Centro di tutti i cuori umani, io conferisco piena dimensione a tutte le invocazioni, da qualsiasi parte dell'universo si innalzino.

Sono presente, come tesoro vivente capace di trasformare in slanci divini, purificati da tutte le scorie umane, i contributi di ciascuno.

Mi sono fatto ostia per essere in mezzo a voi come Colui che serve. Ma sono un servitore al quale si chiede poco e che si lascia troppo sovente da parte. Fatemi valere; tanto più che per farlo vi resta soltanto il tempo del vostro passaggio quaggiù.

Se conoscessi il tuo potere su di me, mentre io non aspetto altro che la tua chiamata! Non temeresti allora la tua apparente inattività esteriore, perché ciò che conta più d'ogni altra cosa è la mia attività interiore, suscitata dalla tua comunione d'anima con me. I desideri sono già preghiera e le preghiere non valgono se non per quello che valgono i desideri, come obiettivo e come intensità.

Sono pochi coloro che quando pregano mi «chiamano». Troppo spesso si tratta di recitazioni labiali che diventano presto fastidiose sia per Colui al quale vengono rivolte, sia per colui che le proferisce senza attenzione! Quante energie sciupate, quanto tempo perduto, mentre basterebbe un po' di amore ad animare tutto!

Grida forte in fondo al tuo cuore il desiderio della mia venuta. È il grido dei primi cristiani: *Maran Atha*, vieni Signore!

Chiamami, affinché venga a prendere possesso di te.

Chiamami nella santa messa, affinché con la Comunione io entri con pienezza in te e ti inserisca in me.

Chiamami nell'ora del lavoro, perché i miei pensieri influiscano sul tuo spirito e guidino la tua condotta.

Chiamami nell'ora della preghiera, perché ti introduca nel dialogo incessante col Padre mio. Chi prega in me e io in lui porta molto frutto.

Chiamami nell'ora della sofferenza, perché la tua croce diventi mia e insieme la portiamo con coraggio e pazienza.

Chiamami dicendo il mio nome, pronunciato con tutto il fervore di cui sei capace, e attendi la mia risposta...

Chiamami in unione con tutti coloro che mi invocano perché mi amano e sentono il bisogno della mia presenza e del mio aiuto

Chiamami in nome di coloro che non lo fanno perché non mi conoscono e non sanno che senza di me la loro vita è sterile, o perché non vogliono.

Dove non puoi esserci tu, là agisce la tua preghiera.

Anche da lontano puoi far maturare una conversione, far sbocciare una vocazione, alleviare una sofferenza, assistere un moribondo, illuminare un responsabile, pacificare una famiglia, santificare un sacerdote.

Puoi far pensare a me, far nascere un atto di amore, far crescere in un cuore la carità, respingere una tentazione, placare le collere, addolcire le parole aspre.

Che cosa non si può operare nell'immensità invisibile del mio Corpo Mistico! Voi non avete idea delle misteriose connessioni che vi uniscono gli uni agli altri e delle quali io sono il fulcro.

Mettiti sotto l'influsso dello Spirito Santo, e poi penetra in me per compiere l'adorazione del Padre. Entra nella mia preghiera, ma sii attivo in essa con la volontà umile e amante di unirti alla mia lode. La tua intelligenza non può capire. Come potresti, tu che non sei nulla, possedere l'Infinito? Ma per me, con me e in me, tu rendi al Padre la lode piena.

Rimani così, in silenzio, senza dir nulla... Rendi questo omaggio al Padre attraverso di me, a nome tuo e dei tuoi fratelli, in unione ai malati, agli infermi, a tutti quelli che soffrono e sperimentano la miseria del mondo senza Dio; in unione a tutte le anime consacrate che vivono nella contemplazione e nella carità vera il dono totale di sé. Rendilo anche a nome di tutti gli uomini che non mi conoscono, che sono indifferenti, agnostici od ostili. Tu non sai quale luce può suscitare, in un'anima apparentemente chiusa, un omaggio o un'invocazione lanciata in sua vece.

Tanti credono che il loro dinamismo naturale, la loro intelligenza spigliata, la loro forza di carattere siano sufficienti per raggiungere i propri fini. Poveretti! Quanto sarà grande la loro delusione e la loro rivolta al primo insuccesso.

Io non deludo mai coloro che si affidano a me. Perché chiedi così poco? Che cosa non puoi ottenere?

Io sono Colui che prega in te e raccoglie le tue miserie e i tuoi bisogni per presentarli al Padre.

Io sono Colui che supplisce alle tue insufficienze, e inviandoti il mio Spirito, faccio crescere la mia carità nel tuo cuore.

Io sono il tenero Amico sempre presente, sempre misericordioso, sempre pronto a perdonarti e a stringerti sul mio cuore.

Io sono Colui che un giorno verrà a cercarti: ti assumerò in me e ti farò condividere con i tuoi molti fratelli le gioie della vita trinitaria.

Quando preghi, fallo con immensa fiducia nella mia onnipotenza e nella mia inesauribile misericordia. Non pensare mai: «Questo è impossibile... Non potrà concedermelo!...».

Se sapessi fino a qual punto io desideri che la zizzania venga sradicata dal mio campo... non però troppo presto. Si rischierebbe di sradicare insieme alle erbacce il grano che cresce. Verrà un giorno in cui mieterete nella gioia, quando, vincitore del male e del maligno, io attirerò tutti a me per farvi condividere la felicità dell'unità, tanto più goduta quanto più conquistata attraverso la dura esperienza delle opposizioni.

Adora: riconosci che io sono tutto e che tu non esisti se

non per me. Ma per me, che cosa non sei? una particella, certo, ma una particella di me. Ricòrdati che sei polvere e ritornerai polvere, ma polvere assunta, spiritualizzata, divinizzata in me e per me.

Desideri qualcosa? E che cosa? Non sia un desiderio superficiale, ma un'aspirazione profonda in cui tutto il tuo essere sia impegnato. Quando diventi davvero un'anima di desiderio, non c'è nulla che tu non possa chiedere a me o al Padre mio.

Quando il tuo desiderio si immedesima in me, quando chiedi di possedere me e di essere posseduto da me, quando aspiri ardentemente al mio dominio, alla mia stretta, alla mia impronta, sii certo di essere esaudito, anche se non avverti nessuna mutazione brusca, nessun cambiamento esteriore. La mia azione si esercita a poco a poco e opera nell'invisibile. Ma dopo un certo tempo scorgerai in te una nuova disposizione, un orientamento più abituale dei tuoi pensieri e dei tuoi voleri, una opzione più spontanea in mio favore e a vantaggio degli altri: era questo il risultato tangibile al quale aspiravi.

Quando desideri davvero l'avvento e la crescita del mio regno in tutti i cuori, quando desideri l'aumento delle vocazioni contemplative, dei missionari e degli educatori spirituali, apostoli della mia Eucaristia, della Vergine e della santa Chiesa – anche se in apparenza e per un certo periodo le statistiche sembrano andare in senso contrario – nessuno dei tuoi desideri è perduto, e i semi di vocazione alla vita mistica che essi avranno meritato porteranno molti frutti.

Chiedimi di saper fare sempre la mia volontà, dove voglio io e come voglio io. Allora la tua vita sarà feconda. Chiedimi di saper amare intensamente con il mio cuore tutti quelli che ti do da amare: il mio Padre nei Cieli, il nostro Spirito, la Madre mia e tua, il tuo angelo e tutti gli angeli, i santi, i tuoi fratelli, i tuoi amici, i tuoi figli e le figlie secondo lo spirito e tutti gli uomini. Allora la mia azione benefica crescerà grazie a te fino a diventare unificante e universale.

Cercami prima in te, poi negli altri e nei miei «segni» che sono i piccoli avvenimenti di ogni giorno. Cercami rinnovando sempre e con intensità il desiderio di trovarmi, affinché io ti guidi e ti purifichi sempre più. Allora tutto il resto ti verrà dato in sovrappiù, a te e alla tua posterità invisibile ma innumerevole. Così, giorno dopo giorno, per il tempo che ti resta da passare quaggiù, ti preparerò alla «luce della gloria», dove tanti fratelli ti hanno già preceduto.

«O Gesù, concedimi di essere in te e per te ciò che tu vuoi che io sia; di pensare in te e per te ciò che tu vuoi che io pensi.

Concedimi di fare in te e per te tutto ciò che tu vuoi che io faccia.

Concedimi di dire in te e per te ciò che tu vuoi che io dica.

Concedimi di amare in te e per te tutti coloro che mi dai da amare.

Dammi il coraggio di soffrire in te e per te, con amore, ciò che tu vuoi che io soffra.

Fammi cercare te, sempre e dappertutto, affinché tu mi guidi e mi purifichi secondo il tuo divino volere».

Questa preghiera veniva ripetuta dal Padre Courtais ogni giorno durante gli ultimi suoi anni di vita. Egli la faceva conoscere volentieri e ne raccomandava la recita quotidiana.

LA MIA PACE E LA MIA GIOIA SIANO IN TE

Sii nella pace. Mantieni l'anima serena anche in mezzo ai risucchi dell'attualità, degli imprevisti, degli avvenimenti.

Ricevi nella calma il mio messaggio attraverso questi portavoce dai modi talvolta invadenti e brutali. Sfòrzati di decifrare le mie parole d'amore attraverso graffiti male delineati. L'essenziale non è forse il loro contenuto? E il loro contenuto è sempre: «Figlio mio, io ti amo».

Abbi fiducia e sii nella pace per il tuo passato tante volte purificato. Credi nella mia misericordia.

Abbi fiducia e sii nella pace per il presente. Non senti che sono vicino a te, in te e con te, che ti guido e ti conduco, che nei momenti drammatici della tua vita, come in tante ore di calma, io non ti abbandono mai, sono sempre presente per intervenire nel tempo opportuno?

Abbi fiducia e sii nella pace per l'avvenire. Sì, la fine della tua vita sarà dinamica, serena e feconda. Voglio servirmi di te anche quando avrai l'impressione di essere inutile. A tua insaputa passerò ancora attraverso di te, nella maniera che più mi piacerà.

Attingi la gioia in me. Aspirala fino ad esserne sommerso e per diffonderla intorno a te.

Non dimenticare la mia parola d'ordine: SERENITÀ. Una serenità fondata sulla speranza, sulla fiducia in me, sull'abbandono totale alla mia Provvidenza.

Partecipa alla gioia del cielo e alla gioia del tuo Signore. Nulla ti impedisca di nutrirti di essa. Dimènticati e pensa alla gioia degli altri, sia sulla terra sia in cielo.

Non è necessario essere ricco o in buona salute per essere felice. La gioia è un dono del mio cuore che io concedo a tutti coloro che si aprono alla vita degli altri; infatti la gioia egoistica non dura. Solo la gioia del dono è durevole. Questo caratterizza la gioia dei beati.

Donare la gioia: sia questo il segreto della tua felicità, anche se nascostamente, nelle cose più ordinarie.

Chiedimi spesso il buon umore, la vivacità e, perché no? l'allegria franca e sorridente.

Volgiti a me, ti guardo: sorridimi intensamente.

Nella tua preghiera, se anche trascorressi il tempo a guardarmi senza parlare e a sorridermi, non sarebbe perduto. Ti voglio gioioso nel mio servizio, gioioso quando preghi, gioioso quando lavori, gioioso quando ricevi, gioioso persino quando soffri. Sii gioioso a motivo di me, sii gioioso per farmi piacere, sii gioioso comunicando alla mia gioia.

Lo sai bene: io sono la vera Gioia. Il vero e sostanziale *Alleluia* nel seno del Padre, sono io, e non c'è niente che io desideri di più, quanto rendervi partecipi della mia immensa gioia.

Perché tanti uomini sono tristi, dal momento che sono stati creati per la gioia? Alcuni sono schiacciati dalle preoccupazioni della vita materiale, mentre basterebbe affidarsi alla mia Provvidenza per trovare almeno la serenità. Altri sono dominati dall'orgoglio sfrenato, dall'ambizione delusa e deludente, dalla gelosia acida ed esacerbante, dalla ricerca spasmodica dei beni temporali che non sono mai sufficienti a saziare la loro anima. Altri sono vittime della febbre sensuale che rende i loro cuori impermeabili al gusto delle cose spirituali. Altri, infine, non avendo saputo comprendere la pedagogia d'amore che ogni sofferenza rappresenta, si rivoltano contro di essa, rompendosi la testa contro gli ostacoli invece di abbandonarla sulle mie spalle, dove troverebbero consolazione e conforto e imparerebbero a valorizzare la loro croce e a lasciarsi da essa portare, invece che esserne schiacciati.

Chiedi che la mia gioia si accresca nel cuore degli uomini, soprattutto in quello dei sacerdoti e delle suore. Essi devono essere i depositari per eccellenza della mia gioia e diventare i canali provvidenziali per tutti quelli che li avvicinano.

Se sapessero quanto male fanno e si fanno quando non si aprono generosamente al canto interiore della mia gioia divina in essi e non si accordano al suo ritmo.

Non sarà mai ripetuto a sufficienza che tutto ciò che li rende amari e tristi non viene da me, è che la gioia, la gioia della fede e la gioia della croce, è la strada regale per giungere a me e permettermi di crescere in loro.

La gioia, per durare e per crescere, ha bisogno di essere continuamente rinnovata al contatto intimo della contemplazione vivente, nella pràtica generosa e frequente dei piccoli sacrifici, nell'accettazione amorosa delle umiliazioni provvidenziali.

Il Padre è Gioia. Il tuo Signore è Gioia. Il nostro Spirito è Gioia. Inserirsi nella nostra vita significa entrare nella nostra gioia.

Offrimi tutte le gioie della terra, le gioie fisiche del gioco e dello sport, la gioia intellettuale dello scopritore, le gioie dello spirito, le gioie del cuore, le gioie dell'anima soprattutto.

Adora la Gioia infinita che io sono per voi nell'ostia del tabernacolo.

Nùtriti di me e quando senti il cuore traboccante della mia gioia, espandi raggi e onde di gioia a favore di tutti coloro che sono tristi, isolati, malinconici, stanchi, sfiniti, schiacciati. In questo modo aiuterai molti tuoi fratelli.

CHIEDIMI L'INTELLIGENZA DELL'EUCARISTIA

Chiedimi spesso l'intelligenza dell'Eucaristia. Contempla:

Ciò che l'Eucaristia ti offre

Anzitutto una presenza, poi un rimedio, infine un nutrimento.

Una presenza: sì, la mia attuale presenza di Risuscitato, presenza gloriosa anche se umile e nascosta, presenza totale come linfa del Corpo Mistico, presenza viva e vivificante.

□ Presenza attiva, che non chiede altro se non di penetrare tutti gli uomini miei fratelli, chiamati a diventare mia «pienezza», prolungamenti di me, e di assumerli nello slancio con cui mi dono incessantemente al Padre mio.

□ Presenza amante, poiché sono presente per donarmi, per purificare, per continuare attraverso te la mia vita di oblazione e per assumere su di me tutto quello che sei e tutto quello che fai.

Un rimedio: contro l'egoismo, contro la solitudine, contro la sterilità.

□ Contro l'egoismo, poiché non ci si può esporre alle radiazioni dell'Ostia senza che si infiltrino e giungano a incendiare l'anima con il fuoco del mio amore. Allora la mia carità purifica, illumina, intensifica, fortifica la fiammella che era nel tuo cuore, la pacifica, la unifica, la feconda, orientandola verso il servizio degli altri per comunicare l'incendio che io sono venuto ad accendere sulla terra.

□ Contro la solitudine: sono presente vicino a te, non ti lascio mai né col pensiero né con lo sguardo. In me tu trovi il Padre e lo Spirito Santo. In me tu trovi Maria. In me tu trovi tutti gli uomini tuoi fratelli.

□ Contro la sterilità: *Chi dimora in me e io in lui, porta molto frutto*, un frutto invisibile sulla terra e che vedrete solo nell'eternità, ma l'unico frutto valido: la mia crescita nelle anime.

Un nutrimento: che arricchisce, che spiritualizza, che universalizza.

□ Vengo a te come il pane di vita disceso dal cielo, per colmarti delle mie grazie, delle mie benedizioni, per comunicarti il principio di ogni virtù e di ogni santità, per farti partecipare alla mia umiltà, alla mia pazienza, alla mia carità; per farti condividere la mia visione di tutte le cose e le mie vedute sul mondo, per darti la forza e il coraggio di mettere mano a ciò che ti chiedo.

□ Cibo che spiritualizza, che purifica tutto ciò che in te tenderebbe ad animalizzarti, per dare alla tua vita lo slancio verso Dio e preparare la tua progressiva divinizzazione. Evidentemente, tutto ciò non può realizzarsi in un batter d'occhio, ma giorno dopo giorno, grazie al tuo stato di comunione frequente, spirituale e sacramentale.

□ Cibo che universalizza. Sono in te, vengo in te come il Dio fatto uomo che porta e riassume in sé tutta la creazione e più che tutto l'umanità, con le sue miserie, i suoi bisogni, le sue aspirazioni, le sue fatiche, le sue sofferenze, le sue gioie.

Colui che comunica a me comunica al mondo intero e rende attivo il movimento del mondo verso di me.

Ciò che l'Eucaristia ti chiede

Anzitutto l'ATTENZIONE:

1. *Alla mia attesa*: umile, discreta, silenziosa ma tanto spesso ansiosa.

Quante volte attendo da te una parola, un movimento del cuore, un semplice pensiero volontario! Se sapessi fino a che punto ne ho bisogno per te, per me, per gli altri! Non mi deludere.

Molto spesso, sto alla porta del tuo cuore, e busso...

Se tu sapessi come vado spiando i movimenti interiori della tua anima!

Certo, non ti chiedo di vivere fissato continuamente e coscientemente su di me. L'essenziale è che io sia l'orientamento della tua volontà profonda; ma è necessario che il tuo spirito non si lasci sommergere dalle vanità, dalle cose che passano a scapito di Colui che dimora in te per aiutarti a dimorare in sé. Chiedimi la grazia di essere più spesso e più intensamente attento a me, alle cose che ho da dirti, da chiederti, da farti fare:

Signore, parla, il tuo servo ti ascolta.

Signore, che cosa ti attendi da me in questo momento?

Signore, che cosa vuoi che io faccia?

2. *Alla mia tenerezza,* infinita, divina, squisita, ineffabile,

di cui ti ho fatto gustare alcuni raggi. Ah, se la gente ci credesse! Se credesse veramente che io sono il Dio buono, tenero, premuroso, bramoso di aiutarvi, di amarvi, di incoraggiarvi, attento ai vostri sforzi, ai vostri progressi, alla vostra buona volontà, sempre disposto a comprendervi, ad ascoltarvi, a esaudirvi!

Ma certo, voglio che siate felici senza eccessiva preoccupazione per l'avvenire, fiduciosi nella mia provvidenza e nella mia misericordia. Voglio la vostra felicità, e nella misura in cui mi darete fiducia, né la prova, né la sofferenza, che hanno senso solo nella sintesi dello spirito d'amore, riusciranno a schiacciarvi. Anzi, vi varranno un ritorno di vitalità spirituale, pegno di una meravigliosa fecondità apostolica e saranno percorse da tali bagliori di gioia che la vostra anima ne sarà totalmente illuminata.

3. *Al mio slancio vitale*, che mi spinge a riunire ogni cosa in me per offrirla al Padre.

Pensi abbastanza che tutta la mia vita, tutta la ragione della mia Incarnazione, della mia Eucaristia sta proprio qui: unirvi, raccogliervi, unificarvi in me e trascinarvi con me nel dono totale di tutto me stesso al Padre, affinché attraverso di me il Padre sia tutto in tutti?

Pensi che non posso assumerti se non nella misura in cui interiormente ti doni a me?

Apriti totalmente alla mia azione; ma per questo bisogna

che sia *attento al mio costante desiderio di impadronirmi di te e di assimilarti, assumerti, prenderti in cura.*

Tale attenzione ti aiuterà a moltiplicare, senza eccessiva tensione, le tue *donazioni interiori al mio amore*, le quali saranno come tanti *slanci del cuore assimilati ai miei slanci divini*.

L'Eucaristia ti chiede inoltre l'ADESIONE: l'adesione della tua fede, della tua speranza, della tua carità.

1. Adesione *della tua fede*, che ti permetterà di percepire la mia presenza, la mia attività irradiante, la mia volontà di unione con te.

È così che devi fonderti in me, inserirti in me, assolvere il tuo ruolo di parte nel gran tutto che io sono, per realizzare la splendida ripartizione del mio amore, a gloria del Padre mio.

Resta come in agguato, in ascolto dei miei desideri, se vuoi conoscerli. Aprimi il tuo orecchio interiore per intendere ciò che ti chiedo.

Credi nella mia trascendenza.

Come uno scienziato, che più procede in una scienza più si rende conto di non sapere molto in confronto a tutto ciò che dovrebbe sapere, e i limiti della conoscenza si perdono in un orizzonte che fa venire le vertigini... in pari modo, più tu mi conoscerai, più sentirai che ciò che in me rimane inconoscibile è ancora più meraviglioso di quello che puoi già aver conosciuto.

Ma credi pure nella mia immanenza. Poiché, così come sono, ho accettato di farmi uno di voi. Sono Dio tra voi, Dio con voi, l'Emmanuele. Ho vissuto la vostra vita e la vivo ancora in ogni membro della mia umanità. Non è necessario andarmi a cercare molto lontano per trovarmi e per trovarmi autenticamente. Ah, se la gente sapesse che cos'è un Dio che si dona!

2. Adesione *della tua speranza*.

Se avessi maggiore fiducia nell'irraggiamento che ti sommerge quando stai di fronte a me Ostia, come verresti più volentieri a metterti sotto il raggio del mio influsso, come ameresti lasciarti penetrare dalle mie divine radiazioni!

Non temere di essere bruciato! Temi piuttosto di trascurarle e di non approfittarne abbastanza a servizio degli altri.

Tu credi in tutto questo, ma devi dedurne le conseguenze pratiche. Se io riduco attualmente la tua attività esteriore è a vantaggio della tua attività interiore. Ebbene, non avrai fecondità se non vieni a ricaricarti a lungo presso di me, vivente nel Sacramento del mio amore.

Da tanto tempo abito nell'Ostia in casa tua!

Certo, lo so, si tratta di rinunciare a molte cose secondarie, in apparenza più urgenti o più piacevoli, per consacrare del tempo alla vigilanza vicino a me. Ma non bisogna forse rinunciare a se stessi per seguirmi?

Sì, lo so bene, hai paura di non sapere che dire e che fare. Hai paura di perdere tempo. Eppure, ne hai fatto l'esperienza svariate volte: sono sempre pronto a ispirarti ciò che bisogna dirmi e ciò che bisogna chiedermi; e non è forse vero che dopo alcuni momenti di silenzio e di comunione interiore, ti senti più ardente e più amante? E allora?

3. Adesione *del tuo amore*.

Esiste forse una parola che possa esprimere realtà tanto diverse, sentimenti in apparenza tanto opposti?

Amare significa uscire da sé. Pensare all'essere amato prima di pensare a sé. Vivere per lui, mettere tutto in comunione con lui, identificarsi a lui.

Dove puoi attingere lo slancio oblativo del vero amore se non nell'Ostia, che è oblazione totale e sostanziale per eccellenza?

Comunica spesso in spirito al fuoco che «arde» nell'Eucaristia.

Sfòrzati di far passare in te qualcosa dei sentimenti ardenti del mio cuore. Fa' ogni tanto alcune aspirazioni ed espressioni amorose. Questi «esercizi» fortificheranno la potenza d'amore che io ho deposto in te nel giorno del tuo battesimo e che vorrei sviluppare in ciascuna delle tue comunioni. Allora la tua adesione a me diverrà profonda e solida. A forza di ripetere queste pratiche, diventerai disponibile per essere tutt'uno con me e lasciarti assorbire dalla mia divina e inesprimibile soavità.

Ciò che l'Eucaristia ti chiede è di accogliermi e di lasciarti assorbire da me, fino al punto che sotto l'influsso del mio Spirito noi due diventiamo una cosa sola per la gloria del Padre. Come la goccia di rugiada assorbe il raggio del sole che la rende splendente e si lascia a sua volta assorbire da lui; come il ferro assimila il fuoco che lo penetra e si lascia assorbire da lui fino al punto da diventare esso stesso fuoco luminoso, bruciante e malleabile, così tu devi assorbirmi e lasciarti assorbire da me.

Ma tutto ciò non può realizzarsi che sotto l'influsso del mio Spirito che predispone il tuo e lo adatta alla mia venuta in te. Sono figli di Dio quelli che sono mossi dallo Spirito Santo. Chiamalo spesso all'opera. Lui stesso è fuoco divorante.

Questo mutuo assorbimento porterà ad una vera fusione. Allora, io sarò la tua ragione di vivere, di fare tutto ciò che hai da fare, di soffrire tutto ciò che ti dono da soffrire. *Mihi vivere Christus est.*

Questa è la vera comunione, è a questo che tende l'Eucaristia.

Sotto l'irradiazione eucaristica tu arricchisci la tua anima con la mia presenza; stavo quasi per dire col mio profumo. È compito tuo attirarla, conservarla a lungo e profumarne il tuo ambiente. Che cosa c'è di più silenzioso e al tempo stesso di più penetrante e di più eloquente di un profumo?

(Avendo sentito in questo periodo diverse critiche contro le "Ore Sante", le esposizioni del Santissimo Sacramento e le "Benedizioni", chiedevo al Signore che cosa bisognasse pensarne).

Se desidero essere esposto ai vostri sguardi nel Sacramento dell'Eucaristia, non è per me ma per voi.

So meglio di ogni altro fino a che punto la vostra fede, per fissare la sua attenzione, ha bisogno di essere attirata da un segno esteriore che esprime una realtà divina. Le vostre adorazioni hanno il compito di sostenere lo sguardo della vostra fede con la visione dell'Ostia consacrata.

Si tratta di una concessione alla vostra debolezza, ma è perfettamente conforme alle leggi dello spirito umano. D'altra parte, l'espressione di un sentimento lo rinforza; e tutto il contorno delle luci, dell'incenso e dei canti, se pur modesti, predispone l'anima a prendere nella fede una coscienza più lucida, per quanto imperfetta, della presenza trascendente di Dio.

A questo proposito, vale la legge dell'incarnazione: finché siete sulla terra, non siete né puri spiriti né intelligenze astratte; è necessario che tutto il vostro essere fisico e morale collabori alla espressione del vostro amore per intensificarlo.

È possibile per alcuni privilegiati farne a meno, almeno per un certo tempo, ma perché rifiutare alla massa degli uomini di buona volontà ciò che può aiutarli a pregare meglio, ad amare meglio?

Nel corso della storia non ho forse manifestato spesso e in diversi modi la mia divina condiscendenza nei confronti di quei mezzi esteriori che facilitano in molte anime l'educazione al rispetto e stimolano un più grande amore?

Col pretesto della semplificazione radicale, si eviterà forse il fariseismo di chi si crede più puro degli altri? Si pensa forse di stimolare maggiormente la fede e l'amore degli uomini semplici che vogliono venire a me con un cuore di fanciullo?

Gli esseri umani hanno bisogno di feste e di dimostrazioni che si rivolgano alla loro intelligenza attraverso la sensibilità, e diano loro già in anticipo un assaggio, per non dire una nostalgia, delle nozze eterne.

IL PROBLEMA DELL'EVANGELIZZAZIONE: FAR CRESCERE L'AMORE

Tutto il problema dell'evangelizzazione del mondo si risolve nell'aver fede nell'amore. Come riuscire a persuaderne gli uomini? A questo punto è necessario che la tua ardente e straripante carità renda il mio amore lampante, evidente. Sì, il problema sta tutto qui: far crescere l'amore nel cuore degli uomini che vivono sulla terra. Ebbene, l'amore va attinto alla sorgente, in me. Deve essere accumulato con una vita orante ed espresso con una vita parlante, tale da rendergli quella testimonianza che gli permette di essere accolto e via via nuovamente comunicato.

Si tratta di «investire d'amore» gli uomini del mondo intero per purificarli dalla loro animalità spesso aggressiva,sempre egocentrica, e spiritualizzarli perché progrediscano nella partecipazione alla mia natura divina.

È necessario che essi scelgano l'amore liberamente, preferendolo all'odio, alla violenza, alla volontà di potenza, all'istinto di dominio. Tale crescita nell'amore non è rettilinea; essa conosce vari stadi, subisce persino dei regressi. L'essenziale è che con il mio aiuto, essa riprenda il cammino in avanti.

L'amore si purificherà col distacco dal denaro e con la rinuncia a se stessi. Si svilupperà nella misura in cui l'uomo penserà agli altri prima che a se stesso, vivrà per gli altri prima che per sé, condividerà umilmente le preoccupazioni, le pene, le sofferenze e le gioie degli altri; nella misura, altresì, in cui capirà di aver bisogno degli altri e saprà tanto ricevere quanto donare.

Sono IO la salvezza, sono IO la vita, sono IO la luce.

Non c'è nulla di impossibile quando coloro che sono invitati ad attingere al tesoro che sono IO, lo fanno per amore e senza esitazione.

Per amore, poiché l'amore è la veste nuziale.

Senza esitazione, poiché se uno ha paura quando io lo chiamo, sprofonda e sbanda. Quando si è miei invitati, quando si è della mia famiglia, bisogna vedere in grande, volere in grande, dare con larghezza a tutti coloro che non rifiutano deliberatamente.

Sono pochi quelli che comprendono questo; comprendilo e fallo comprendere almeno tu. Non si tratta tanto di una comprensione intellettuale quanto di una esperienza personale. Solo coloro che fanno l'esperienza viva del mio amore possono trovare le parole che persuadono e infiammano;

ma l'esperienza è presto dimenticata e soffocata dalle pressioni della vita se non è sovente rinnovata e ringiovanita da nuovi amplessi interiori.

Essere missionario non è prima di tutto essere attivo al mio servizio, ma mettere in opera l'efficacia concreta della mia opera redentrice. Finché sei sulla terra tu non puoi vedere il risultato di una tale oblazione missionaria. Questo accade perché sia alimentata l'umiltà necessaria al vero apostolo e anche perché tale azione in profondità si esercita nella nuda fede: ma, credilo davvero, è in questo modo che nell'intimo dei cuori si operano i capolavori della mia grazia, le conversioni inattese, e si ottengono le benedizioni che fecondano le opere apostoliche.

Uno è colui che semina, altro è colui che miete. Succederà che uno miete nella gioia ciò che altri avranno seminato nelle lacrime; ma l'essenziale è unirsi a me che sono l'eterno seminatore e il divino mietitore, e non attribuirsi mai il bene che sono io a fare. In realtà, siete tutti responsabili collegialmente dell'evangelizzazione del mondo e la vostra ricompensa, proporzionata al vostro coraggio e alla vostra fedeltà nell'unione e nell'amore, sarà tale che la vostra gioia supererà ogni vostra attesa.

Ciò che conta, in tutti gli ambienti, in tutti i paesi, sia tra i laici sia tra i sacerdoti, è il moltiplicarsi di anime rette e semplici che siano all'ascolto del mio pensiero e dei miei desideri e si sforzino di realizzarli in tutta la loro vita, manifestandomi così senza strepito nel loro ambiente, e attirando verso di me tutti coloro che incontrano. È questo l'autentico apostolato, nel distacco da se stessi a servizio dei problemi altrui. Chi, meglio di me, può non solo prospettarne la soluzione, ma portarla anche a compimento?

Amarsi non è soltanto guardarsi l'un l'altro; è guardare insieme in avanti e dedicarsi insieme agli altri.

Non è forse la preoccupazione vicendevole uno dei fondamenti pratici della comunione tra due esseri che si amano? Non è essa che ne misura l'intensità e ne stabilizza la perennità? Parlami spesso degli altri con molto amore e desiderio. Pensa alla sete che io ho di essi e al bisogno che essi hanno di me. Lavora e offri per loro. Tu sai bene che attraverso di te io continuo il mio lavoro e la mia oblazione in loro favore.

Cura i miei interessi. Ciò significa: lavora con la preghiera, con l'azione, con la parola, con la penna, con tutti i mezzi di influenza che ho posto nelle tue mani, a far prevalere la mia carità nei cuori. Questo è tutto. Che la mia carità sia vittoriosa e io cresca nel mondo.

L'unica storia che conta è il succedersi ininterrotto di opzioni pro o contro l'Amore.

Qualunque sia il movimento delle idee, il progresso della tecnica, l'aggiornamento della teologia o della pastorale, ciò di cui il mondo ha il massimo bisogno, molto più che non di ingegneri o di biologi o di teologi, sono uomini che con la loro vita facciano pensare a me e mi rivelino agli altri; uomini a tal punto penetrati dalla mia presenza da attrarre gli altri verso di me e permettermi di condurli al Padre mio.

Sono pochi coloro che pensano a me con abbondanza di amore. Per troppe persone io sono lo Sconosciuto e persino l'Inconoscibile. Per alcuni io non sono mai esistito e non costituisco neppure un problema. Per altri, io sono Colui che si teme e si rispetta per paura.

Io non sono un Padrone severo, né un raddrizzatore di torti, né un contabile minuzioso di errori e di colpe. Conosco meglio di chiunque le circostanze attenuanti che diminuiscono in molti la loro reale colpevolezza. Guardo ciascuno più per quello che ha di buono in sé che non per quello che ha di difettoso. Io scopro in ciascuno le sue profonde aspirazioni verso il bene e dunque, inconsciamente, verso di me. Io sono la Misericordia, il Padre del figlio prodigo, pronto sempre a perdonare. Le categorie della teologia morale non sono il mio criterio, specie quando esse sono oggetto di un'applicazione geometrica.

Io sono un Dio di buona volontà che apre le sue braccia e il suo cuore agli uomini di buona volontà per purificarli, illuminarli, infuocarli, assumendoli nel mio slancio verso il Padre mio e loro.

Io sono un Dio di amicizia che desidera la felicità di tutti, la pace di tutti, la salvezza di tutti e che spia il momento in cui il mio messaggio d'amore potrà essere favorevolmente accolto.

Agisci come membro del mio Corpo. Consìderati come uno che non ha un'esistenza indipendente, ma che deve fare ogni cosa in dipendenza da me. Sii sempre più cosciente di non essere niente da te stesso, di non poter niente, di non valere niente da solo; ma quale fecondità se mi accetti come Maestro responsabile e come principio d'azione!

Agisci anche come membro degli altri, poiché in me sono presenti tutti gli altri e grazie a me tu li ritrovi in un'attualità pressante. La tua carità, illuminata dalla fede, deve farsi un dovere di pensare con frequenza a essi per ricapitolare la loro angoscia e la loro miseria, per assumere le loro profonde aspirazioni, per valorizzare tutto ciò che il

Padre mio ha deposto come germe di bene in fondo al loro cuore. Ci sono tanti uomini che sono migliori di quanto sembrino e che potrebbero progredire nella conoscenza del mio amore, se i sacerdoti e i cristiani ne fossero testimoni viventi!

Ogni mattina nella tua orazione chiedi alla Vergine di sceglierti un beato del Cielo, un'anima del Purgatorio, uno degli uomini tuoi fratelli sulla terra, perché tu possa vivere questa giornata in unione con essi, col beato *ad honorem*, con l'anima del Purgatorio *ad auxilium*, con il tuo fratello *ad salutem*.

Anch'essi, da parte loro, ti aiuteranno a vivere maggiormente nell'amore. Agisci in loro nome, prega in loro nome, desidera in loro nome, soffri se necessario in loro nome, spera in loro nome, ama in loro nome.

Voglio alimentare il mio fuoco in te, non perché tu sei l'unico a bruciare, ma perché contribuisca a estendere nell'intimo dei cuori la fiamma del mio amore.

A che servirebbero i tuoi contatti con gli uomini se perdessi il contatto con me? Per essi io ti chiedo di rinsaldare i tuoi legami con la Fonte. Attraverso una specie di mimetismo spirituale, più sarai un contemplativo, più mi rassomiglierai e più mi permetterai di irradiarmi attraverso di te. Il mondo d'oggi è in balia di tante correnti contrarie, e ciò che può aiutarlo a stabilizzarsi nella serenità è il moltiplicarsi di anime contemplative che affrettino la sua assimilazione a me. Soltanto i contemplativi sono i veri missionari e i veri educatori spirituali.

Desidera ardentemente essere un trasmettitore ad alta fedeltà. La fedeltà della tua vita assicura la fedeltà della mia Parola e l'autenticità della mia Voce attraverso la tua.

Figlio mio, non dimenticare queste parole che un tempo pronunciai pensando a te e a ogni uomo vivente nel mondo lungo i secoli: *«Chi mi ama sarà amato dal Padre mio, e io pure l'amerò e gli manifesterò me stesso... Se uno mi ama, osserverà la mia parola, e il Padre mio lo amerà, e verremo a lui e dimoreremo in lui» (Gv 14,21-23).*

Comprendi che significa diventare la *dimora* di Dio, del Dio vivente, Padre, Figlio e Spirito Santo; di Dio che ti invade, ti possiede e ti inserisce progressivamente nella corrente di luce, di gioia e di amore che lo costituisce?

Comprendi fin dove può giungere nel tuo spirito, nel tuo cuore, nella tua vita la manifestazione di Dio che si rivelerà in te, e attraverso te nelle tue parole, nei tuoi scritti e nei tuoi gesti più ordinari?

Così puoi diventare il mio testimone e attirare verso di me coloro che incontri.

Così la tua vita diventa feconda, in modo esteriormente

invisibile, ma reale nella profondità della comunione dei santi.

In questa vigilia di Pentecoste, chiama in te la dolce e bruciante fiamma d'amore dello Spirito Santo, attraverso il quale la nostra divina carità aspira a diffondersi nei cuori di tutti gli uomini. Ripetimi e provami con le tue decisioni, a volte anche frutto di sacrificio, che mi ami più di te stesso.

Che l'ardore infuocato del mio amore occupi tutta l'anima tua e la renda estranea a tutto ciò che non sono io o non è per me.

SII TUTTO BONTÀ, CARITA, ACCOGLIENZA, BENEVOLENZA

Non avere se non pensieri di benevolenza, parole di benevolenza, anche quando devi rettificare, raddrizzare, correggere.

Parla delle altrui qualità, mai dei loro difetti. Amali tutti. Apri loro interiormente le braccia. Manda loro le onde di felicità, di salute, di santità accumulate in te. Tutti sarebbero migliori se si sentissero più amati.

La grande storia del mondo è la storia segreta, attraverso gli avvenimenti, della crescita o della perdita di spontaneità e di intensità della carità nei cuori, carità oblativa, s'intende, carità basata sull'ascesi, sull'oblio di sé a vantaggio degli altri.

L'aspetto essenziale della tua missione è di contribuire, dal di dentro, a una più intensa corrente d'amore che attraversi il mondo.

Perché non cercare di rallegrare gli altri, di essere loro gradito? Se stessi attento, la cosa sarebbe facile. Dimenticare se stesso, dimenticare le proprie preoccupazioni per pensare agli altri e a ciò che fa loro piacere, seminare un poco di gioia intorno a sé, non servirebbe a contribuire a medicare tante piaghe, a calmare tante sofferenze? Io vi ho posto a fianco dei vostri fratelli per facilitarvi la pratica del dono.

Chiedimi il gusto del dono, il senso del dono. È una grazia da ottenere, un'abitudine da prendere, è una piega del pensiero e, ancor di più, una piega del cuore. Maria è stata tutta dono. Che essa ti ottenga il dono della disponibilità.

Sorridi a tutto, anche quando ti senti debole, mal disposto. Il merito sarà maggiore. Attribuirò una grazia al tuo sorriso.

Sii sempre accogliente verso gli altri. Questa è la tua forma di carità. Ciò richiede, certamente, rinuncia alle cose che ti riguardano, ma, lo sai per esperienza, non hai mai dovuto rimpiangere una scelta a favore degli altri. Io non mi lascio mai vincere in generosità.

Se i cristiani fossero buoni gli uni verso gli altri, la faccia del mondo sarebbe trasformata. Si tratta di una verità elementare, ma dimenticata con tanta facilità.

Perché così spesso tanto fiele, tanto sdegno, tanta indifferenza, quando basterebbe un poco di vera simpatia ad avvicinare gli animi e ad aprire i cuori?

Dovunque ti trovi, sfòrzati di essere un testimone della mia divina benevolenza verso tutti. Questa benevolenza è fatta di rispetto e di amore, di ottimismo e di fiducia. Certo, ci sono coloro che ne abusano, ma non si tratta della maggioranza e chi può dire le circostanze che attenuano la loro responsabilità?

Scoprire in ciascuno, o almeno indovinare, ciò che vi è di migliore. Indirizzarsi a ciò che in lui è aspirazione verso la purezza, il dono di sé, anche il sacrificio.

La carità fraterna è la misura della mia crescita nel mondo. Prega affinché si diffonda. In tal modo mi aiuterai a crescere.

Chi non sa partecipare al fardello degli altri non è degno di avere dei fratelli.

Tutto sta nel modo: un sorriso amabile, un'accoglienza benevola, la preoccupazione degli altri, una gentilezza gratuita, una volontà discreta di dire soltanto bene degli altri... Quante cose possono essere per molti altrettanti raggi di sole. Un raggio di sole sembra una cosa senza consistenza; ciò non di meno illumina, riscalda e risplende.

Sii buono con gli altri. Non ti sarà mai rimproverato un eccesso di bontà. Spesso questo richiederà da te un certo distacco, ma credi che io considero come fatte a me stesso tutte le gentilezze verso gli altri, e sarà una gioia per me restituirtele al centuplo.

Chiedi spesso allo Spirito Santo di ispirarti e di fornirti occasioni per essere buono.

Non ti chiedo l'impossibile, né il difficile, ma di avere una tale disposizione intima da desiderare che intorno a te tutti siano felici, consolati, confortati.

Questo significa amare gli altri in spirito e verità, e non in modo astratto e teorico; è infatti nelle umili azioni della vita quotidiana che si verifica l'autenticità di una carità che sia prolungamento ed espressione della mia.

Come vuoi che gli uomini si sentano amati da me se coloro che mi rappresentano sulla terra non gliene forniscono una testimonianza percettibile?

Desidera ardentemente in nome di tutti ciò che io stesso auguro a ciascuno di essi.

Alla radice di molte aggressività, c'è quasi sempre un elemento più o meno cosciente di frustrazione.

L'uomo creato a mia immagine è stato fatto per amare e per essere amato. Quando è vittima di un'ingiustizia, di una mancanza di tenerezza o di un'assenza di riguardo, si ripiega su se stesso e cerca una compensazione nell'odio o nella cattiveria. Poco alla volta, l'uomo diventa un lupo per l'uomo, e la porta è aperta a tutte le violenze e a tutte le guerre. Così si spiegano da una parte la mia estrema indulgenza e dall'altra la mia insistenza sul comandamento dell'amore, così come l'ha trasmesso san Giovanni.

Pensa spesso alle anime in pericolo nel mondo:

- In pericolo fisico: vittime di guerra, obbligate a cercare un rifugio lontano dalla loro casa, per strade interminabili; vittime dei tifoni, dei terremoti; vittime della malattia, dell'infermità, dell'agonia.
- In pericolo morale: vittime d'un primo peccato, vittime dell'abbandono, vittime della notte oscura.
- Anime sacerdotali scoraggiate, in cui soffia il vento della rivolta e che trovano in coloro che dovrebbero aiutarle soltanto indifferenza e disprezzo. Anime di sposi fiaccate dalla fatica della sazietà, dalla irritazione del superlavoro, dall'inasprimento degli opposti caratteri, sempre in balia di una parola o di un gesto fuori posto e dimentichi che il loro amore, per durare, deve venire a purificarsi e ad alimentarsi in me.
- Anime di anziani che si chiudono alla nuova giovinezza dell'ultima età che li dovrebbe preparare alla trasfigurazione eterna, che hanno paura della morte, che si aggrappano disperatamente ad inezie insignificanti; anzi, chiudendo gli occhi alla speranza, di-

sperdono le loro ultime energie nell'amarezza, nella critica e nella rivolta.

Quanto sono numerose nel mondo quelle anime che hanno perso il gusto di lottare e di vivere, e non sanno che io stesso sono il segreto della felicità, anche in mezzo alle situazioni più infelici!

Libera con frequenza per il mondo onde di simpatia, di benevolenza, di conforto. Tutto io trasformo in grazie di consolazione che ridanno il coraggio. Aiutami a rendere più felici gli uomini. Sii un testimone del Vangelo. Dona a coloro che ti vedono, a coloro che ti avvicinano, a coloro che ti ascoltano, l'impressione di avere una Buona Novella da annunciare.

Un comportamento in apparenza incomprensibile, assumerà tutto il suo valore – con il succedersi dei pentimenti, delle riparazioni e... dei miei perdoni – nella visione globale di ogni esistenza situata al suo giusto posto, nell'insieme del Corpo Mistico.

Malgrado tutte le miserie e tutti rinnegamenti, io sono ottimista.

Bisogna amare col mio cuore per vedere col mio sguardo. Allora parteciperai alla mia smisurata benevolenza, alla mia inalterabile indulgenza.

Non vedo le cose come le vedete voi, che vi ipnotizzate su un particolare insignificante e non avete la visione dell'insieme. Del resto, quanti elementi vi sfuggono! Intenzioni profonde, abitudini acquisite e diventate incallite che attenuano grandemente la responsabilità, emotività puerile che crea instabilità, senza parlare degli atavismi nascosti, ignoti alla persona stessa...

Se i cristiani, che sono mie membra, accettassero ogni mattina di inspirare un po' della carità del mio cuore per coloro che incontreranno o di cui parleranno durante la giornata, la carità fraterna sarebbe ben altra cosa che uno sterile argomento di discorso o di predicazione!

Sii tutto bontà.

Bontà fatta di benevolenza, di «benedizione», di beneficenza, senza nessun complesso di superiorità, ma con totale umiltà e tenerezza.

Bontà che si esprime nella gentilezza dell'accoglienza, nella disponibilità al servizio, nella preoccupazione della felicità altrui.

Bontà che nasce dal mio cuore e, più profondamente, dal seno della nostra vita trinitaria. Bontà che dona e che perdona fino a dimenticare le offese, come se non fossero mai esistite.

Bontà che tende a me, presente nell'altro, le mani, lo spirito e soprattutto il cuore, senza rumore di parole, senza dimostrazioni intemperanti.

Bontà che conforta, che consola, che ridona coraggio e aiuta con discrezione l'altro a superare se stesso.

Bontà che mi rivela in modo molto più efficace di molte belle prediche, e che attira a me più di tanti bei discorsi.

Bontà fatta di semplicità, di dolcezza, di carità profonda che non tralascia nessun particolare per creare un'atmosfera simpatica.

Chiedine spesso la grazia in unione con Maria. Si tratta di un dono che non rifiuto mai e che molti riceverebbero se mi pregassero còn più costanza.

Imploralo per tutti i tuoi fratelli e contribuirai in tal

modo a elevare un po' di più il livello della bontà, della mia bontà, nel mondo.

Sii un riflesso, un'espressione viva della mia bontà. Indirìzzati a me attraverso coloro che incontri. Vedrai allora com'è più facile essere positivo, aperto e accogliente.

Metti sempre più bontà nella tua anima perché si rifletta sul tuo volto, nei tuoi occhi, nel tuo sorriso, persino nel tono della tua voce e in tutto il tuo comportamento.

I giovani perdonano volentieri agli anziani i loro anni, se li sentono buoni.

Avrai notato come la bontà, l'indulgenza, la benevolenza aureolano la fronte degli anziani. Ma questo richiede tutta una serie di piccoli sforzi e di scelte generose in favore degli altri. La terza età è per eccellenza l'età dell'oblio di sé a motivo della percezione della mia presenza imminente.

I vecchi sono ben lungi dall'essere inutili se, pur con le loro progressive limitazioni, le diminuzioni apparenti o nascoste, sanno trovare in me il segreto della carità, dell'umiltà e della gioia. La loro serenità può rivelarmi a un gran numero di coloro che li avvicinano e attirare verso di me molti giovani che si credono capaci di fare a meno di me perché si sentono forti e solidi.

Dove si trovano amore e carità, CI SONO IO per benedire, per purificare, per fecondare.

VIVI NELL'AZIONE DI GRAZIE

Sii in me una vivente azione di grazie.

Sii un GRAZIE vibrante, costante, gioioso.

Di' GRAZIE per tutto quello che hai ricevuto e conosci.

Di' GRAZIE per tutto quello che hai ricevuto e hai dimenticato.

Di' GRAZIE per tutto quello che hai ricevuto e non conosci affatto.

Tu sei capacità di ricevere. Allarga, estendi questa capacità con la tua incessante azione di grazie e riceverai ancora di più per poter dare di più agli altri.

Chiedi. Ricevi. Di' grazie.

Dona. Comunica. Dividi e di' grazie perché hai qualcosa da donare. Dimmi grazie di averti scelto e di passare attraverso te per donarmi agli altri.

Dimmi grazie per la sofferenza che mi permette di completare nella tua carne ciò che manca alla mia Passione per il mio corpo che è la Chiesa.

Diventa una sola cosa con me nel GRAZIE vibrante e sostanziale che io sono per il Padre mio.

Vivi sempre di più nell'azione di grazie. Ti ho tanto spesso esaudito!

Dimmi più spesso GRAZIE per tutto e a nome di tutti. In quel momento tu stimoli la mia Carità nei riguardi del mondo, poiché non c'è nulla che mi disponga di più a donare quanto l'attenzione prestata ai miei doni. Così diventerai sempre di più un'anima eucaristica e, perché no?, una Eucaristia vivente. Sì, dimmi grazie per averti utilizzato secondo il mio stile, al tempo stesso soave e forte, al servizio del mio Regno.

Ciò che hai ricevuto finora non è nulla in confronto a ciò che ancora ti riservo fino al termine della tua vita sulla terra, per farne beneficiare molti tuoi fratelli, ma soprattutto nella luce della gloria allorché, penetrato da me senza limiti e senza riserve, sarai diventato incandescente del mio immenso amore. In totale umiltà, ti renderai conto, in quel momento, che da te stesso tu non sei NIENTE, se non un povero peccatore soggetto a tutte le ambiguità umane, dalle quali sei stato purificato grazie alla mia inesauribile misericordiosa tenerezza.

Allora sboccerà nell'intimo del tuo essere un vibrante *Magnificat* e tu stesso diventerai un *Te Deum* vivente, in unione alla Vergine e a tutti gli eletti del paradiso.

Sin da ora e in previsione di quel giorno eterno, rinnova spesso la presentazione di tutta la tua vita al Padre, in un gesto di fiduciosa oblazione, in unione alla mia.

Sì, tu ci appartieni, ma valorizza il tempo disponibile per diminuire la tua appartenenza a te stesso e per far crescere l'intensità del nostro possesso di te.

Sotto l'influsso dello Spirito Santo, che moltiplica in tutti i modi i suoi appelli silenziosi, offriti attraverso me al Padre e lasciati invadere e sommergere dalla nostra ineffabile presenza, dalla nostra misteriosa trascendenza, dalla nostra tenerezza divina.

Pensa a Noi più che a te stesso, vivi per Noi più che per te. Gli impegni che ti affidiamo non solo saranno assolti più facilmente, ma saranno davvero utili alla Chiesa.

Al di là di ciò che appare, esiste ciò che è: quella è l'unica profonda realtà valida per il Regno.

Io sono l'unico che può supplire alle tue insufficienze, colmare le brecce, intervenire in tempo, impedire o riparare i tuoi spropositi. Non puoi fare nulla senza di me, ma, unito a me, non c'è niente che tu non possa utilizzare per il servizio efficace della Chiesa e del mondo.

Sii riconoscente per le grazie ricevute e per quelle che ho fatto passare attraverso di te. Ma, nella fede, dimmi anche GRAZIE per tutte le tue umiliazioni, i tuoi limiti, le tue sofferenze fisiche e morali. Il vero significato di esse lo vedrai soltanto nell'eternità e il tuo cuore sussulterà di ammirazione per la mia delicata pedagogia divina.

Dimmi grazie anche per tutti coloro, conosciuti e sconosciuti, fratelli e sorelle oggi dimenticati, che ti diedi per compagni di viaggio. Ti hanno aiutato molto con la loro preghiera che si univa alla mia, con la loro assistenza morale e spirituale, tecnica e materiale, e sono stato io a darteli, nel momento opportuno.

Unendoti ai miei slanci di riconoscenza per quello che soffri come per quello che fai, ti poni nell'asse dell'infinita abbondanza dei benefici spirituali, divini, e ottieni tutte le grazie di coraggio e di pazienza di cui hai bisogno.

CONTEMPLA E PREGA MARIA

Se sapessi quanto è bello il sorriso della Vergine! Se potessi vederlo, non fosse altro che per un istante, tutta la tua vita ne rimarrebbe illuminata! E un sorriso di bontà, di tenerezza, di accoglienza, di misericordia; è sorriso d'amore. Ciò che non puoi vedere con gli occhi del corpo, puoi percepirlo con gli occhi dell'anima, attraverso la fede.

Chiedi spesso allo Spirito Santo di far scaturire nel tuo pensiero questo sorriso ineffabile, che è l'espressione della «tutta amante» e dell'Immacolata. Il suo sorriso può guarire le pene e medicare le piaghe. Esso esercita un influsso penetrante nei cuori più chiusi e proietta una luce indicibile negli spiriti più ottenebrati.

Contempla questo sorriso in tutti i misteri della sua vita. Contemplalo nella gioia del cielo, in unione ai beati, che vi trovano una delle più limpide sorgenti di allegrezza.

Contemplalo attraverso la fede, poiché essa è vicina a te. Vedila mentre ti guarda. Guardala che ti sorride. Ti aiuterà lei col suo sorriso, poiché il suo sorriso materno è una luce, una forza, una fonte viva di carità.

Anche tu, sorridile come meglio sai. Lascia che io le sorrida attraverso te. Partecipa al mio sorriso per lei.

Confìdati a lei. Sii sempre più delicato verso di lei. Sai ciò che lei è stata per te nel corso della tua infanzia e nella tua vita sacerdotale.

Lei ti sarà vicina nella tua vita in declino e nell'ora della morte; verrà a cercarti e ti presenterà a me lei stessa, che è per eccellenza la Vergine della Presentazione.

Comunica spesso ai sentimenti del cuore di Maria. Esprimi a modo tuo ciò che provi.

C'è un tuo modo personale ed incomunicabile di interpretare le disposizioni d'animo di mia Madre. Esse diventano davvero tue senza cessare di essere sue. In realtà, è il medesimo Spirito che ispira, anima, amplifica e tu servi da accompagnamento alla melodia unica e ineffabile che sgorga dal cuore di mia Madre.

Vieni a rifugiarti presso la Vergine. Lei saprà accarezzare la tua fronte meglio di chiunque e saprà dare valore alla tua stanchezza. Con la sua materna presenza ti aiuterà a salire progressivamente dietro di me la strada della Croce.

Tu darai certamente ascolto al suo triplice appello: *penitenza, penitenza, penitenza*, fatto in vista di una trasfigurazione spirituale più fulgente. *Per crucem ad lucem*.

Soprattutto, vivi nella pace, non forzare il tuo talento. In unione a lei, accogli nel miglior modo possibile la grazia del momento presente: così la tua vita, per quanto oscura agli occhi di molti, sarà feconda a profitto di una moltitudine.

Non tralasciare di metterti spesso sotto l'azione congiunta dello Spirito Santo e della Vergine e chiedi a essi di accrescere il tuo amore!

Partecipa ai miei sentimenti verso mia Madre, sentimenti fatti di delicatezza, di tenerezza, di rispetto, di ammirazione, di fiducia totale e di veemente riconoscenza.

Se lei non avesse accettato di essere ciò che è stata, che

cosa avrei potuto fare io per voi? Nella creazione ella è davvero la proiezione fedele della bontà materna di Dio. Lei è tale quale l'abbiamo concepita, tale quale potevamo desiderarla. Se sapessi quanto sono incantevoli le sue iniziative! Lei è l'incanto di Dio fatto donna.

Unisciti a me per parlarle, per chiederle aiuto per te, per gli altri, per la Chiesa, per la crescita del mio corpo mistico.

Pensa alla sua gioia nella gloria del cielo, dove non dimentica nessuno dei suoi figli sulla terra. Pensa alla regalità materna di Maria. La sua regalità, tutta spirituale, si esercita sulla terra per ogni uomo; ma diventa efficace solo nella misura in cui viene vitalmente accettata.

Io compio miracoli soltanto dove si eseguono le sue direttive, come a Cana: «*Fate tutto quello che egli vi dirà*».

Nella misura in cui si è fedeli al suo influsso e ai suoi appelli, la mia voce è ascoltata e si attua ciò che io chiedo. Così non cessiamo dal lavorare insieme, perché tutti gli uomini collaborino a espandere un po' più di vero amore sulla terra.

Maria ti aiuterà a non dimenticare mai l'Unico Necessario, a non ingombrarti di cose inutili, a non confondere l'accessorio con l'importante, a saper fare le scelte più feconde. Ella è sempre presente, pronta ad aiutarti, a ottenerti, con la sua intercessione, gioie e fecondità per gli ultimi anni della tua vita quaggiù. Ma ciò avverrà quanto più avrai fiducia nella sua tenerezza e nella sua potenza.

Vivi nell'azione di grazie verso di lei. Quando mi ringrazi, unisciti al suo *Magnificat*, che ella non cessa di cantare con tutte le fibre del suo cuore e che vorrebbe prolungare in tutti i cuori dei suoi figli.

Chiedi sempre di più quella fede chiara, luminosa e calda ch'ella già ti ha ottenuto, ma che deve crescere fino al momento del nostro incontro.

Pensa all'istante in cui la vedrai nello splendore della sua gloria eterna. Come ti rimprovererai di non averla abbastanza amata e filialmente circondata!

Poiché lei si è data tutta intera, senza indugio, senza riserva, senza ripresa, io mi sono donato tutt'intero a lei e lei ha potuto darmi al mondo.

L'incarnazione non è soltanto l'inserimento del divino nell'umano, è l'assunzione dell'umano da parte del divino.

In Maria si è verificata, in modo glorioso, l'assunzione della sua umanità a opera della mia divinità. Era conveniente che, in corpo e anima, ella fosse assunta grazie a me in una gioia che compensava infinitamente i suoi dolori generosamente offerti in spirito di collaborazione alla mia opera redentrice.

Nella luce divina, Maria vede tutti i bisogni spirituali dei suoi figli: vorrebbe aiutare tanti ciechi a riacquistare la vista della fede, tanti paralitici della volontà a ritrovare l'energia e il coraggio necessari per donarsi a me, tanti sordi ad ascoltare i miei appelli e a rispondere con tutto il loro essere. Ma non lo può fare se non nella misura in cui aumentano le anime di preghiera, che la supplicano di intercedere per l'umanità barcollante.

Tu sei uno dei suoi figli privilegiati. Agisci sempre più, verso di lei, come un figlio affettuoso e devoto!

Maria è la Tutta Bella, la Tutta Buona, la Potenza supplichevole. Più conoscerai lei, più ti avvicinerai a me.

La sua dignità è unica. Non sono forse io la carne della sua carne, il sangue del suo sangue? Non è forse lei la proiezione ideale del Padre sulla creatura umana, il riflesso della bellezza e della bontà divine?

Va' a lei più filialmente, con immensa fiducia. Chiedile tutto ciò di cui senti bisogno, per te e per il mondo: dalla pace nei cuori, nelle famiglie, tra gli uomini, tra le nazioni, fino al materno sostegno per i poveri, gli infermi, gli ammalati, i feriti, i morenti...

Affida alla sua intercessione misericordiosa i peccatori.

Abbi un'anima di fanciullo nei suoi confronti. Stringiti a lei, rannìcchiati in lei. Sono tante le grazie che potresti ottenere per te, per il tuo lavoro e per il mondo, se la pregassi più spesso e se ti sforzassi di vivere maggiormente sotto il suo influsso.

Vi sono certi approfondimenti nella vita interiore che sono le conseguenze dei raggi che io faccio emanare da mia Madre e di cui beneficiano soltanto coloro che sono fedeli nel ricorrere a lei.

Di questi tempi, molte anime si lasciano condurre in vicoli ciechi o per certe scorciatoie, verso paludi in cui la loro vita diventa sterile, poiché non fanno ricorso sufficiente all'aiuto tanto potente e provvidenziale di Maria. Credono, poverette, di poter fare a meno di lei, come se un bambino potesse privarsi, senza inconvenienti, della sollecitudine materna. Eppure Maria non può far nulla per loro se non le chiedono di intervenire. È legata dal rispetto della loro libertà, ed è necessario che dalla terra salga verso di lei un appello pressante alla sua intercessione.

Che cosa puoi fare, da solo, di fronte all'immensità del lavoro: tanti uomini da evangelizzare, tanti peccatori da convertire, tanti preti da santificare! Tu ti senti povero e sprovveduto. Chiedi, allora, unendoti a mia Madre, con intensità e perseveranza. Molti cuori saranno toccati, rinnovati, infiammati.

È compito suo facilitare, proteggere, intensificare la tua intima unione con me.

Unito a lei, sei unito profondamente a me.

È Maria che continua a intercedere per te e a intervenire, più spesso di quanto tu non veda, in tutti i dettagli della tua vita spirituale, della tua vita laboriosa, della tua vita sofferente, della tua vita apostolica.

Attualmente la Chiesa è in crisi. Cosa normale, dal momento che mia Madre non è più abbastanza invocata dai cristiani. Ma, per l'appunto, se tu e tutti i fratelli che hanno realizzato una volta nella loro vita l'importanza della sua mediazione, si mettessero a pregarla ardentemente a nome di quelli che non ci pensano, questa crisi si trasformerebbe presto in apoteosi.

Convinciti che la mia potenza non è diminuita: come nei secoli passati, posso suscitare grandi santi e grandi sante che meraviglieranno il mondo; ma voglio aver bisogno della vostra collaborazione, che permetta a mia Madre, sempre vigilante sulla miseria del mondo, di intervenire... come a Cana.

La progressiva spiritualizzazione dell'umanità non avviene senza contraccolpi, né senza qualche rottura. Eppure il mio Spirito è sempre presente. Ma per pedagogia, per attenzione al vostro contributo umano, per quanto minimo, egli non può esercitare il suo influsso se non in collaborazione con la sua Sposa, la vostra madre, Maria.

Le feste della Vergine Maria sono le feste di nostra Madre, la mia, la tua e quella di tutto il genere umano.

Contemplala interiormente nella sua ineffabile bellezza di Immacolata che dice «sì» alla volontà del Padre, e di Trasfigurata, nella gloria della sua Assunzione.

Contemplala nella Bontà profonda, essenziale, esistenziale della sua Maternità divina e umana, della sua Maternità universale.

Contemplala nella sua Onnipotenza supplichevole che attende il tuo appello e quello di tutti gli uomini alla sua intercessione.

Contemplala nella sua squisita e delicata intimità con le tre Persone della Santa Trinità: figlia perfetta del Padre, sposa fedele dello Spirito Santo, madre devota del Verbo Incarnato fino al totale oblio di se stessa.

Lei t'ha condotto a me. Lei ti ha presentato a me, così, come non cessa, lungo tutta la tua vita, di proteggerti, fino a quando, nel giorno benedetto della tua morte, ti offrirà a me nella luce della gloria.

CIÒ CHE MI ASPETTO DA COLORO CHE HO SCELTO

Quanto vorrei che sacerdoti e religiosi non cercassero al di fuori di me il segreto dell'unica, vera, profonda fecondità!

In me dimora la potenza. Inseritevi in me e vi farò partecipare a questa potenza.

Con poche parole, proietterete luce.

Con pochi gesti, aprirete le strade alla mia grazia.

Con pochi sacrifici, sarete il sale che risana il mondo.

Con poche preghiere, sarete il lievito che fa fermentare la pasta umana.

Ti ho concesso una grazia speciale, per incoraggiare i miei sacerdoti a trovare nel contatto intimo con me il segreto di un sacerdozio felice e fecondo. Offrili spesso a me e unisciti alla mia preghiera per loro. Dipende in gran parte da essi la vitalità della mia Chiesa sulla terra e l'assistenza della mia Chiesa del cielo in favore della umanità peregrinante.

Il mondo passa e non si preoccupa di ascoltarmi; ecco il perché di tante vite titubanti e sciupate.

Ma la cosa più dolorosa per il mio cuore e la più nefasta per il mio Regno è che le stesse persone consacrate, per mancanza di fede, per mancanza di amore non hanno l'orecchio attento verso di me. La mia voce si perde nel deserto. Così, quante vite sacerdotali e religiose rimangono improduttive!

Che il sacerdote non si fidi dei complimenti e dei segni di rispetto tributatigli. L'incenso è il più sottile veleno per un uomo di Chiesa. Si tratta di un eccitante effimero, come molti stupefacenti, e dopo un certo tempo si rischia di rimanere intossicati.

Quanti sacerdoti acidi, amari, scoraggiati, perché non hanno saputo stabilirsi nel piano della redenzione! Io sono pronto a purificarli e a orientarli, se accettano di essere docili all'azione del mio Spirito. È compito tuo presentarmeli, offrirli fraternamente ai raggi del mio amore. Pensa ai sacerdoti giovani, pieni d'ardore apostolico e di zelo straripante, che credono di poter riformare la Chiesa senza iniziare a riformare se stessi.

Pensa agli intellettuali, tanto utili, anzi tanto necessari, a condizione che continuino i loro studi e ricerche con grande umiltà, per servire, senza disprezzare nessuno.

Pensa ai sacerdoti in età matura, che credono di aver il pieno possesso di tutti i loro mezzi e sono portati così facilmente a fare a meno di me.

Pensa ai confratelli anziani, esposti alle incomprensioni dei giovani, che si sentono superati e spesso messi da parte. Essi si trovano nel periodo più fecondo della loro vita, durante il quale si realizza la rinuncia: essa li santifica nella misura in cui la accettano con amore.

Pensa ai tuoi fratelli moribondi; ottieni loro la fiducia, l'abbandono alla mia misericordia. Le loro colpe, i loro errori, i loro abbagli sono da tanto tempo cancellati. Io non mi ricordo se non dello slancio della loro donazione iniziale, degli sforzi, delle fatiche, delle stanchezze che per me hanno sopportato.

Ho bisogno di sacerdoti, la vita dei quali sia la concreta espressione della mia preghiera, della mia lode, della mia umiltà, della mia carità.

Ho bisogno di sacerdoti che, con delicatezza e rispetto infinito, si preoccupino di scolpire giorno dopo giorno la mia effigie divina sul volto di quanti io affido loro.

Ho bisogno di sacerdoti dediti prima di tutto alle realtà soprannaturali, per animare di esse tutta la vita reale dell'uomo d'oggi.

Ho bisogno di sacerdoti che siano professionisti dello spirituale e non funzionari o fanfaroni; di sacerdoti miti, pieni di benevolenza, pazienti, ricchi anzitutto di spirito di servizio, che non confondano mai l'autorità con l'autoritarismo; insomma, di sacerdoti profondamente pieni d'amore, che cerchino una cosa sola e abbiano un solo scopo: che l'Amore sia più amato.

Non credi che posso, in pochi minuti, farti guadagnare diverse ore del tuo lavoro e diverse anime nella tua attività? Questo bisogna dire al mondo, specie al mondo dei preti, dei quali non si dovrebbe misurare la fecondità spirituale dall'intensità del loro desiderio di produrre, ma dalla disponibilità della loro anima all'azione del mio Spirito.

Ciò che importa ai miei occhi non è leggere molto, parlare molto, fare molto, ma permettermi di agire attraverso di voi.

Sii certo che se io occupo in una vita di sacerdote, in un cuore di sacerdote, in una preghiera di sacerdote tutto il posto che desidero, allora egli troverà il suo equilibrio, la sua piena realizzazione, la pienezza della sua paternità spirituale.

Quanto è grande e terribile un'anima di sacerdote! Un sacerdote può a tal punto continuare me e attirare verso di me, oppure, ahimè!, deludere e allontanare da me, volendo talvolta attirare a sé.

Un sacerdote senza amore è un corpo senz'anima. Più di ogni altro, il sacerdote dev'essere in balia del mio Spirito, lasciarsi condurre e animare da lui.

Pensa ai sacerdoti caduti, molti dei quali hanno tante scuse: mancanza di formazione, mancanza di ascesi, mancanza di sostegno fraterno e paterno, cattivo uso delle loro possibilità, donde delusione, scoraggiamento, tentazioni e il resto... Non sono mai stati felici, e quante volte hanno provato la nostalgia del divino! Non credi che nel mio cuore io abbia più potenza nel perdonare di quanti non ne abbiano avuta loro nel peccare? Accoglili fraternamente nel tuo pensiero e nella tua preghiera. È anche attraverso di essi, nei quali non tutto è cattivo, che io opero la redenzione del mondo.

Vedi me in ciascuno di essi, talvolta piagati e sfigurati, ma adora in essi ciò che resta di me e farai rivivere la mia Risurrezione in tutti.

In fondo, c'è una sola categoria di sacerdoti che mi rattrista profondamente. Sono coloro che, per progressiva deformazione professionale, sono diventati orgogliosi e duri. Volontà di potenza, affermazione del loro «io» hanno progressivamente svuotato la loro anima di quella carità profonda che dovrebbe ispirare tutti i loro atteggiamenti e tutte le loro pratiche.

Quanto male fa un sacerdote duro! Quanto bene fa un sacerdote buono! Ripara per i primi. Sostieni i secondi.

Io perdono molte cose al sacerdote che è buono. Mi ritiro dal sacerdote che si è indurito. In lui non c'è posto per me. Ci soffoco.

Il rumore interiore ed esteriore impedisce a molti uomini di ascoltare la mia voce e di comprendere il senso dei miei appelli. È importante perciò che in questo mondo iperattivo e surriscaldato si moltiplichino le zone di silenzio e di calma, dove gli uomini possano ritrovarmi, conversare con me, donarsi a me liberamente.

Per fare di un paese una comunità cristiana, dove possa svilupparsi ciò che vi è di meglio nell'uomo, bisogna porre questo paese in stato di orazione. Ebbene, i maestri di orazione sono per eccellenza i sacerdoti, e la loro influenza è in rapporto alla loro intimità con me.

Offrimi spesso le sofferenze dei tuoi fratelli sacerdoti: sofferenze dello spirito, del corpo, del cuore; uniscile a quelle della mia Passione e della Croce perché, da tale unione, attingano il loro pieno valore di pacificazione e di corredenzione.

Chiedi a mia Madre di aiutarti in questa missione e pensaci in modo particolare nella celebrazione della messa, in unione con lei e alla sua materna presenza.

Non dimenticarlo. La redenzione è anzitutto un'opera d'amore prima che un'opera di organizzazione.

Ah! se tutti i tuoi fratelli sacerdoti si decidessero a credere che li amo; che senza di me non possono fare niente, eppure che ho bisogno di essi per potermi manifestare nella misura che il mio cuore desidera!

Io sono in ciascuna di quelle vergini consacrate che hanno offerto la loro giovinezza e la loro vita al servizio delle Missioni, al servizio della mia Chiesa. Sono presente, carità dei loro cuori, energia delle loro volontà, testimone dei loro sforzi, dei loro sacrifici, e passo attraverso di esse per raggiungere le anime.

Offrimi queste ostie viventi nelle quali mi nascondo, nelle quali lavoro, prego, desidero.

Pensa alle migliaia di donne che si sono consacrate a me e che hanno ricevuto la missione insostituibile di continuare l'azione di mia Madre nella Chiesa, a condizione di lasciarsi invadere da me nella contemplazione.

Ciò che manca attualmente alla mia Chiesa non sono le dedizioni, le iniziative, le attività, ma la dose proporzionata di autentica vita contemplativa.

L'ideale è che vi sia, in un'anima consacrata, molta scienza insieme a molto amore e a molta umiltà. Ma vale di più un po' meno scienza con molto amore e umiltà, che non molta scienza con un po' meno amore e umiltà.

Chiedimi di suscitare nel mondo delle anime contemplative che, dotate di spirito universale, assumano la parte di preghiera e di espiazione di molti, attualmente chiusi ai richiami della mia grazia.

Ricòrdati: Teresa d'Avila ha contribuito alla salvezza di tante anime quanto Francesco Saverio con le sue corse apostoliche; Teresa di Lisieux ha meritato di essere chiamata Patrona delle Missioni.

A salvare il mondo non sono quelli che si agitano, né quelli che architettano teorie; sono quelli che, vivendo intensamente del mio Amore, lo propagano misteriosamente sulla terra.

Io sono il Sommo Sacerdote e tu sei sacerdote solo per partecipazione e per prolungamento del mio sacerdozio. Incarnandomi nel seno di mia Madre, la mia Persona divina ha assunto la natura umana ed ho così ricapitolato in me tutti i bisogni spirituali dell'umanità.

In tal modo tutti gli uomini possono e debbono essere inseriti in questo movimento di sacralizzazione; ma il sacerdote è lo specialista, il professionista del sacro. Anche quando lavora, sia pure manualmente, nulla è profano in lui. Ma se lavora con lucida coscienza della sua appartenenza a me, se almeno virtualmente egli lavora per me e in unione con me, allora io sono in lui, lavoro con lui alla gloria del Padre mio, al servizio dei suoi fratelli. Egli diventa il mio posseduto, il mio alter ego e in lui io stesso attiro verso il Padre mio gli uomini che egli avvicina.

Condividi le mie preoccupazioni per la mia Chiesa e, in modo particolare, per i miei sacerdoti. Essi sono i miei «prediletti», anche coloro che, sotto l'infuriare della tempesta, provvisoriamente mi abbandonano. Provo grande pietà per loro e per le anime che erano loro affidate; ma la mia misericordia verso di essi è inesauribile, se sotto l'influsso delle preghiere e dei sacrifici dei loro fratelli, essi si gettano tra le mie braccia... La loro ordinazione li ha segnati in modo indelebile, e se anche non possono più esercitare un sacerdozio ministeriale, la loro vita, raggiungendo la mia oblazione redentrice, può essere un'offerta d'amore di cui io mi servo.

Approfitta del tempo che ti lascio su questa terra, il periodo della tua esistenza in cui puoi meritare, per chiedermi intensamente che si moltiplichino le anime contemplative, le anime mistiche. Sono esse che salvano il mondo e ottengono alla Chiesa il rinnovamento spirituale di cui ha bisogno.

In questo momento certi pseudo-teologi lanciano ai quattro venti le loro elucubrazioni intellettuali, credono di purificare la fede, mentre non fanno altro che turbarla.

Soltanto coloro che mi hanno incontrato nella preghiera silenziosa, nella lettura umile della Sacra Scrittura, nell'unione profonda con me, possono parlare di me con competenza, poiché io stesso ispiro i loro pensieri e parlo attraverso le loro labbra.

Il mondo va male. Anche la mia Chiesa è divisa; il mio corpo ne soffre. Grazie di vocazione sono soffocate e muoiono. Satana è scatenato. Come è accaduto nella storia della Chiesa dopo ogni Concilio, egli semina dappertutto la discordia, rende gli spiriti ciechi alle realtà spirituali e i cuori duri ai richiami del mio amore.

È necessario che i sacerdoti e tutte le persone consacrate reagiscano, offrano tutte le sofferenze, tutte le agonie dell'umanità congiungendole alle mie, *pro mundi vita*.

Ah! se gli uomini comprendessero che io sono la sorgente di tutte le virtù, la sorgente di ogni santità, la sorgente della vera gioia!

Chi, meglio dei miei sacerdoti, può rivelare queste cose? A condizione, però, che accettino di essere i miei amici intimi e vivano in conseguenza! Tutto ciò richiede dei sacrifici, ma subito ricompensati dalla fecondità e dalla gioia serena che li pervade.

Bisogna accettare di donarmi il tempo che chiedo. Quando mai è accaduto che la fedeltà nel consacrarmi ogni tanto una giornata in esclusiva abbia compromesso il ministero?

Non si sa più fare penitenza; perciò ci sono così pochi educatori spirituali e poche anime contemplative.

Sono tanto contrario al pessimismo e al vittimismo, quanto desidero che non abbiate timore di quella frustrazione passeggera che può provocare un piccolo sacrificio e una leggera privazione, voluta o accettata per amore.

Rimane sempre vera quella mia parola: *Se non fate penitenza, perirete tutti*. Ma, se siete generosi, attenti a ciò che il mio Spirito vi suggerisce e che mai nuocerà alla vostra salute e al dovere del vostro stato; se siete fedeli a unirvi all'oblazione spirituale che io non cesso di offrire in voi, contribuirete a cancellare molti peccati della gente e soprattutto molti tradimenti delle persone mie consacrate; otterrete grazie abbondanti perché questo travagliato periodo del dopo-Concilio veda sorgere, in tutti gli ambienti e in tutti i continenti, nuove schiere di santi che insegneranno di nuovo, al mondo stupito, il segreto della vera gioia.

Assunto da me, *in persona mea*, durante la messa il sacerdote cambia il pane nel mio Corpo e il vino nel mio Sangue.

Assunto da me, *in persona mea*, al confessionale egli cancella, con l'assoluzione le colpe del peccatore pentito.

Assunto da me, *in persona mea*, compie, o dovrebbe compiere, tutti gli atti del ministero.

Assunto da me, *in persona mea*, pensa, parla, prega, si nutre, si distrae.

Il sacerdote non si appartiene più, si è dato a me liberamente, corpo e anima, per sempre. Perciò non può più essere del tutto come gli altri uomini. Egli è *nel* mondo, ma non è più *del* mondo. A un titolo speciale e unico, *egli è mio*.

Deve cercare di identificarsi a me con la comunione di pensiero e di cuore, con la condivisione delle preoccupazioni e dei desideri, con un'intimità sempre crescente.

Deve tendere a esprimere con il suo comportamento qualcosa del mio immenso rispetto nei confronti del Padre mio e della mia bontà inesauribile verso tutti gli uomini, chiunque essi siano.

Deve rinnovare continuamente il dono di tutto se stesso a me perché io sia pienamente in lui quello che desidero essere.

Tante anime si lasciano intossicare dal piacere fallace e dall'ideologia inebriante, al punto da rinchiudersi su se stesse e diventare incapaci del libero movimento verso di me. Eppure, io le chiamo, ma non sentono. Le attiro, ma si sono rese impermeabili alla mia influenza.

Per questo ho bisogno urgente delle persone consacrate. Ah! se si preoccupassero di ricomporre in sé tutte le miserie di questo mondo pazzo e di invocare il mio aiuto in nome di coloro che il demonio tiene incatenati, la mia grazia potrebbe vincere più facilmente molte resistenze.

Le persone consacrate sono il sale della terra. Quando il sale non è più salato, a che cosa può servire?

Quando le ho chiamate, hanno detto «SÌ» generosamente; e questo non lo dimenticherò mai. Ma piccole debolezze hanno poi occasionato gravi resistenze alla mia grazia, talvolta dietro il pretesto di una urgenza nel compimento del dovere di stato.

Se fossero state fedeli ai *tempi forti* dell'orazione, l'intimità con me sarebbe stata salvaguardata e le loro attività apostoliche, lungi dal soffrirne, sarebbero risultate più feconde.

Fortunatamente, esistono ancora nel mondo molte anime fedeli. Sono esse a ritardare, se non a impedire, le grandi catastrofi che minacciano l'umanità.

Chiedi che gli educatori e le educatrici spirituali diventino sempre più numerosi. Questo fatto ha reso possibile il rinnovamento della Chiesa dopo le prove della Riforma nel secolo XVI e dopo lo sconvolgimento della rivoluzione francese. Sarà ancora questo che nei prossimi anni faciliterà una nuova primavera della comunità cristiana e preparerà a poco a poco, malgrado l'accumularsi di ostacoli di ogni tipo, un'era di fraternità e un progresso verso l'unità.

Ciò non impedirà agli uomini di vivere secondo la loro epoca, di interessarsi ai problemi anche materiali del loro tempo; ma procurerà loro luce e potenza per agire sull'opinione pubblica dei loro contemporanei e contribuire a soluzioni benefiche.

L'invito a venire a me, lo rivolgo a tutti, ma ho bisogno della collaborazione degli uomini perché questo mio appello sia accolto. La mia forza di attrazione deve passare attraverso il riflesso del mio volto nell'anima dei miei membri, in particolare dei consacrati.

Attraverso la loro bontà, la loro umiltà, la loro mitezza, la loro accoglienza, l'irradiazione della loro gioia io voglio rivelarmi.

Le parole, certo, sono necessarie; le strutture sono utili; ma ciò che tocca i cuori è la mia Presenza, percepita e quasi sentita attraverso i «miei». C'è una irradiazione che emana da me e che non inganna.

Questo mi aspetto sempre di più da te.

A forza di guardarmi, di contemplarmi, tu vieni penetrato, impregnato dalle mie divine radiazioni; e, al tempo opportuno, le tue parole saranno cariche della mia luce e diverranno efficaci.

Il mio Amore per gli uomini non è amato. È a tal punto e così spesso dimenticato, misconosciuto, respinto! Queste resistenze impediscono agli spiriti di aprirsi alla luce e ai cuori di aprirsi alla mia tenerezza.

Per fortuna, ci sono anime umili e generose in tutti i paesi, in tutti gli ambienti di vita e in tutte le età; il loro amore ripara per mille bestemmie, per mille rifiuti.

Il prete dev'essere la prima ostia del suo sacerdozio. L'offerta di se stesso deve congiungersi alla mia, a beneficio della moltitudine. Ogni sua scantonata costituisce un mancato profitto per molte anime. Ogni sua accettazione paziente e amorosa vale immediatamente un guadagno prezioso per la mia crescita d'amore in questo mondo.

Abbi fiducia nella mia potenza che risplende nella tua debolezza e la trasforma in coraggio e generosità.

Desidero vederti passare un'ora con me vivo nell'ostia, ma non venire mai solo: ricapitola in te tutte le anime che ho legato misteriosamente alla tua e renditi, umilmente, canale delle mie radiazioni divine.

Nulla diventa inutile dei piccoli sacrifici, delle piccole attività, delle piccole sofferenze, se sono vissute in stato di oblazione e di amore ai tuoi fratelli.

Sii sempre più l'ostia del tuo sacerdozio. Un sacerdozio che non comporta l'oblazione del sacerdote è un sacerdozio monco. Rischia di essere sterile e di intralciare l'opera della mia redenzione.

Il sacerdote è tanto più spiritualizzato quanto più accetta di essere corredentore.

ATTENDI LA MORTE CON FIDUCIA

Altri hanno predicato i terrori della morte. Tu predica le gioie della morte.

«Verrò a voi come un ladro». Così ho detto, non per spaventarvi, ma per amore, affinché siate sempre pronti e viviate ogni attimo come vorreste averlo vissuto al momento della vostra rinascita definitiva.

Se gli uomini guardassero maggiormente la loro vita nello specchio retrovisore della morte, le darebbero il suo vero significato.

Perciò non bisogna che considerino la morte con terrore, ma con fiducia e capiscano tutto il valore della fase meritoria della loro esistenza.

Vivi sulla terra come se ritornassi dal cielo. Sii quaggiù come l'uomo che è rientrato dall'al di là. Tu sei un morto differito. Saresti dovuto entrare nell'eternità già da lungo tempo, e adesso chi mai sulla terra parlerebbe di te?

Ti lascio sulla terra ancora per alcuni anni, affinché conduca una vita impregnata di nostalgia celeste, in cui si veda filtrare qualche bagliore del cielo.

Non ti ho forse dato, svariate volte, i segni della mia sollecitudine? Allora, di che cosa hai paura? Sono sempre presente e sempre vicino a te, persino quando tutto sembra crollare, anche e soprattutto al momento della morte. Allora vedrai che cosa sono le mie braccia che si serreranno su di te e ti stringeranno sul mio cuore. Scoprirai perché e per chi saranno serviti i tuoi lavori, le tue sofferenze. Mi ringrazierai per averti guidato come ho fatto, preservandoti da numerosi pericoli di ordine fisico e morale, conducendoti per strade impreviste, talvolta sconcertanti, facendo della tua vita una unità profonda nel servizio dei tuoi fratelli.

Mi ringrazierai, comprendendo meglio la condotta di Dio nei tuoi riguardi e nei riguardi degli altri. Il tuo canto di ringraziamento andrà crescendo, via via che scoprirai le misericordie del Signore per te e per il mondo.

Non c'è remissione senza effusione di sangue. Il mio sangue non può realizzare la sua preziosa missione di espiazione, se non nella misura in cui l'umanità accetta con amore di mischiare alcune gocce del proprio sangue con il sangue della mia Passione.

Offrimi la morte degli uomini, affinché vivano della mia Vita.

Pensa a quel che sarà il nostro incontro nella luce. Per questo sei stato creato, hai lavorato, hai sofferto. Verrà un giorno in cui ti accoglierò. Pensaci spesso e offrimi in anticipo l'ora della tua morte, unendola alla mia.

Pensa a ciò che sarà il dopo-morte, la gioia senza fine di un'anima irradiata di luce e di amore, che vive in pienezza lo slancio offertoriale di tutto il suo essere per me verso il Padre, e ricevendo per me, di ritorno dal Padre, tutta la ricchezza della divina giovinezza.

Sì, guarda la morte con fiducia e approfitta della fine della tua vita per prepararti ad essa con amore.

Pensa alle morti di tutti gli uomini tuoi fratelli: 300.000 ogni giorno. Quale potenza di corredenzione rappresenterebbero se venissero offerte. Non dimenticarlo: *oportet sacerdotem offerre*. Tocca a te offrirle a nome di quelli che non ci pensano. Questo è uno dei modi più efficaci per valorizzare il mio sacrificio del Calvario e per arricchire la tua messa quotidiana.

Ce ne sono tanti che non sospettano affatto che stasera li chiamerò: tanti incidenti stradali, tante trombosi brutali, tante cause impreviste. Ci sono, altresì, tanti malati che non sospettano affatto della gravità del loro stato.

La sera, addormèntati tra le mie braccia; è così che morirai e giungerai in paradiso, al momento del grande appuntamento con me.

Fa' tutte le cose pensando a quel momento. Ciò ti aiuterà in molte circostanze a conservare la tua serenità, senza frenare il tuo dinamismo.

Per amore tuo io ho accettato di morire. Non puoi darmi prova d'amore più grande di quella di accettare di morire in unione con me.

Non, sarai deluso. Abbagliato dagli splendori esaltanti che scoprirai, avrai un solo rimpianto: quello di non aver amato abbastanza.

Continua spesso a unire la tua morte alla mia e a offrirla al Padre per le mani di Maria, sotto l'influsso dello Spirito Santo.

In nome della tua morte unita alla mia, puoi anche chiedere dei soccorsi immediati per vivere meglio attualmente nel solco della carità divina. In tal modo, non c'è nulla che tu non possa ottenere.

Il tuo cuore sia sempre più aperto alla mia misericordia, umilmente fiducioso nèlla mia divina tenerezza che ti avvolge da ogni parte e feconda in maniera invisibile le tue attività ordinarie, dando loro un valore spirituale che va ben oltre i confini del tempo.

A che serve vivere, se non per crescere nell'amore?

A che serve morire, se non per realizzare eternamente il proprio amore e realizzarsi per sempre in esso?

Figlio mio, ti ho fatto pregustare qualcosa di ciò che poteva essere la festa del cielo, e quanto appena debolmente hai percepito non è nulla in confronto con la realtà. Allora scoprirai fino a che punto sono stato e sono un Dio tenero e amante. Capirai perché ci tengo tanto a che gli uomini si amino, si perdonino e si aiutino vicendevolmente. Comprenderai il valore spiritualizzatore e purificatore della pazienza e della sofferenza.

La tua continua scoperta delle profondità divine sarà un'avventura squisita e appassionante. La tua assimilazione da parte della mia divinità ti trasfigurerà e ti farà partecipare assieme a tutti i tuoi fratelli, anch'essi trasfigurati, a un'azione di grazie comune ed esaltante.

Le feste liturgiche della terra, con le loro molteplici ragioni di essere, non sono se non la prefigurazione delle festività eterne che non affaticano e lasciano l'anima pienamente soddisfatta e pur sempre assetata.

Con la mia morte ho vivificato il mondo. Con l'oblazione rinnovata della mia morte continuo a dare la vita agli uomini. Ma mi è necessario un sovrappiù di morti per vincere, senza nuocere alla loro libertà, le esitazioni, le reticenze, le resistenze di coloro che non vogliono ascoltare il mio richiamo o che, pur avendolo ascoltato, non vogliono lasciarmi penetrare in essi.

Il cielo sono io! Nella misura in cui vi lascerete assumere da me, secondo il vostro grado di carità, voi gusterete la gioia infinita e riceverete dal Padre ogni luce e ogni gloria!

Allora non ci saranno più né pianti, né sofferenze, né ignoranza, né malintesi, né gelosie, né equivoci, né meschinerie, ma azione di grazie filiale verso la Santa Trinità e azione di grazie fraterna gli uni verso gli altri.

Rivedrete i minimi avvenimenti della vostra vita terrena, ma li rivivrete nella sintesi dell'amore che li ha permessi, trasfigurati, purificati.

Sarà grande e gioiosa la vostra umiltà, e vi renderà trasparenti come il cristallo a tutti i riflessi della misericordia divina!

Vibrerete all'unisono col mio cuore e in armonia gli uni con gli altri, riconoscendovi benefattori reciproci e contemplando la parte di efficacia che io vicendevolmente vi avevo concesso per la gioia di tutti.

Avrai una morte gioiosa, serena e amante. Il passaggio non è penoso per colui che spira in un atto di amore e mi raggiunge nella luce. Abbi fiducia in me. Come sono stato presente in tutti gli istanti della tua vita sulla terra, sarò presente al momento della tua entrata nella Vita eterna, e mia Madre, che si è mostrata tanto buona con te, sarà presente anche lei, con tutta la sua dolcezza materna.

Pensi così spesso, come dovresti, alle anime amiche del purgatorio, le quali non possono ottenere solo con i loro mezzi la progressiva e luminosa incandescenza? Esse hanno bisogno che qualcuno dei loro fratelli della terra meriti e compia in nome loro quella scelta d'amore che non hanno saputo compiere esse prima della loro morte.

Qui sta l'interesse del tuo rimanere quaggiù e del prolungarsi della vita umana. Se gli anziani fossero meglio coscienti della loro potenza e delle ripercussioni delle loro piccole oblazioni meritorie a favore dei fratelli della terra e dei fratelli dell'al di là; se comprendessero meglio il valore dei loro ultimi anni, durante i quali possono ottenere, in pace e serenità, tante grazie, e al tempo stesso procurare a se stessi una tale sovrabbondanza di luce e di gioia eterne!

Per essi la morte sarà più dolce, poiché io prometto una grazia speciale di assistenza a tutti coloro che saranno vissuti per gli altri prima che per sé. Non consiste forse in ciò l'amore? Non è forse così che ci si prepara a morire amando?

Conosco l'ora della tua morte e il modo in cui accadrà, ma convinciti che sono io ad averla scelta per te, con tutto il mio amore, per dare alla tua vita terrena il massimo di fecondità spirituale. Sarai felice di abbandonare il tuo corpo per entrare. definitivamente in me.

Nel grande momento della tua partenza, avrai, insieme alla mia presenza, ogni grazia, ora inimmaginabile. E la misura del tuo amore ti farà cooperare pienamente a essa.

Si muore come si è vissuti. Se vivi di amore, la morte ti coglierà in un soffio d'amore.

Ci sarò io al termine del tuo cammino, dopo essere stato per tutta la vita il tuo compagno di viaggio. Utilizza sempre meglio il tempo che ti separa dal grande incontro: ogni ora unisciti alla mia preghiera, comunica alla mia oblazione, penetra nei miei slanci d'amore. Aspira frequentemente il mio Spirito, per vivificare i battiti del tuo cuore. Attraverso di lui si diffonde in te la carità del tuo Dio.

Col pensiero del cielo che ti aspetta, scopri la gioia in mezzo alle sofferenze e l'ottimismo in mezzo ai turbamenti del tempo presente. Predica l'ottimismo alle anime scoraggiate. Se anche la tempesta si scatena e assale la barca della mia Chiesa, non bisogna smarrirsi.

Non dimoro io in lei fino alla consumazione dei secoli? Invece di scoraggiarsi, si lancino appelli verso di me: *Signore, salvaci, periamo!* Aumenti la fede nella mia presenza e nella mia potenza.

Allora si scoprirà la mia tenerezza e si costaterà la mia inesauribile misericordia.

Il modo di considerare la morte dev'essere per voi una questione di fede, una questione di fiducia, una questione d'amore!

Fede! La percezione del cielo non può corrispondere a un'immagine dell'esperienza e perciò si trova al di là di ogni impressione sensibile. Questo vi offre la possibilità di meritare durante la fase terrestre della vostra esistenza, poiché dove sarebbe il merito se poteste conoscere tutto sin da ora? C'è un tempo per ogni cosa.

Fiducia! Quello che non conoscete per esperienza diretta, potete conoscerlo appoggiandovi sulla mia parola e fidandovi di me. Non vi ho mai ingannati e non ne sono capace. *Io sono la Via, la Verità e la Vita*. Quello che posso dire, è che tutto sarà molto più bello di quanto possiate concepire e persino desiderare.

Amore. Soltanto l'amore vi permette, non certo di vedere, ma di presagire. quello che vi riservo: e ciò nella misura in cui sulla terra avrete penato e sofferto.

È tanto bella la luce della gloria!

È tanto entusiasmante la partecipazione alla nostra gioia trinitaria. È talmente «al di là di ogni definizione» la fiamma d'amore da cui sarete resi incandescenti per questa comunione totale, in una carità universale e definitiva. Se sulla terra poteste avere di essa una percezione sensibile e durevole, la vostra vita diventerebbe impossibile!

Se coloro che sono sul punto di morire potessero vedere il torrente di felicità che può invaderli da un momento all'altro, non soltanto non avrebbero paura, ma con quale slancio vorrebbero raggiungermi!

In questi giorni hai pensato molto al tuo dopo-morte, senza tralasciare per questo il tuo impegno terreno: non hai osservato che il pensiero dell'al di là dona al tuo servizio la sua vera dimensione di fronte all'eternità?

Lo stesso accade per le piccole sofferenze, le delusioni, le contrarietà. *Quid hoc ad aeternitatem?* È in mezzo ai dolori piccoli e grandi che si realizza, giorno dopo giorno, senza che ve ne rendiate conto, la mia opera universale di redenzione.

Col pensiero e col desiderio vivi già il tuo dopo-morte. È la migliore pietra di paragone del reale.

La morte, lo sai bene, sarà più che una partenza un arrivo, con più ricongiungimenti che non separazioni. Sarà un trovarmi nella luce della mia Bellezza, nel fuoco della mia Tenerezza, nell'ardore della mia Riconoscenza.

Mi vedrai così come sono e ti lascerai pienamente assorbire da me per essere al tuo posto, nella dimora trinitaria.

Saluterai la Vergine piena di gloria, vedrai fino a che punto ella è col Signore e il Signore è con Lei. Le dirai la tua riconoscenza sconfinata per la sua condotta materna verso di te.

Potrai unirti ai tuoi amici del Cielo, al tuo angelo custode e a tutti gli amici della terra, incandescenti d'amore e luminosi di gioia incontaminata.

Ritroverai i tuoi figli e le tue figlie secondo lo spirito, e al tempo stesso ti rallegrerai per quello che devi ai membri più infimi come ai più importanti del mio Corpo glorioso.

Quando giungerà l'ora del nostro incontro, capirai fino a qual punto è preziosa per il mio cuore la morte dei miei servi quando viene unita alla mia.

Essa è il grande mezzo per vivificare l'umanità ribelle e per operare la spiritualizzazione del mondo.

ULTIMO COLLOQUIO

«Se rimanete in me e le mie parole rimangono in voi, chiedete quel che vorrete e vi sarà dato» (Gv 15,7). Non vedi, riscontrando tanti segni provvidenziali, fino a che punto è vera questa parola?

Io sono in te Colui che ti guida, talvolta in contrasto con i tuoi progetti in apparenza più che normali e legittimi. Come hai ragione di aver fiducia in me! Le situazioni più complicate si risolvono al momento opportuno, come per incanto:

Ma sono necessarie due condizioni:

1. rimanere in me;
2. essere in ascolto delle mie parole.

È necessario che tu pensi maggiormente a me, viva maggiormente per me, mi sia maggiormente disponibile, condivida tutto con me, ti identifichi il più possibile a me.

È necessario che tu percepisca la realtà della mia presenza in te, presenza al tempo stesso silenziosa e parlante e rimanga all'ascolto di ciò che ti dico senza rumore di parola.

Io sono il *Verbum silens*, la parola silenziosa che penetra il tuo spirito, e se sei attento, se sei raccolto, la mia luce dissipa le tenebre del tuo pensiero, e tu puoi così intendere ciò che voglio farti sapere.

Crescendo l'intimità tra me e te, non c'è nulla che tu non possa ottenere dalla mia potenza, per te e per tutti coloro che ti circondano, per la Chiesa e per il mondo. In questo modo il contemplativo può fecondare ogni attività, la quale viene così purificata da ogni ambiguità e resa profondamente fertile.

L'estate 1970 volge al termine.
Il 22 settembre, a sera, Padre Courtois scrive nel suo quaderno le ultime espressioni che abbiamo riportato. Poi traccia una linea.
Quella sera sta meglio di tante altre sere. Dopo cena, si ferma un poco "in famiglia", rassicurandoci col suo sorriso cordiale.
Poi si ritira nella sua stanzetta, dopo aver augurato la buona notte.
In quella notte il Signore viene a cercare il suo servo fedele.
«La sera, addormèntati tra le mie braccia; è così che morirai...» egli scriveva, come sotto dettatura di Gesù, il 18 ottobre 1964. Questa morte serena, senza ombra di agonia, in pieno sonno, sopraggiunta circa sei anni dopo che quelle parole furono scritte, non appare come un altro «segno» del valore del suo messaggio?

INDICE

Biblioteca Universale Cristiana

Al tempo della globalizzazione, di internet, della fine delle ideologie, della sfida tra relativismo e quel che resta del pensiero forte, la proposta di una Biblioteca Universale Cristiana è una scelta controcorrente, che persegue precisi valori e finalità:

contenutistici: un invito per tutti coloro che (credenti o meno) ricercano punti di riferimento letterari e spirituali, per costruire strade comuni;
di memoria culturale: riproposizione di opere che, spesso introvabili, appartengono a un patrimonio che non è solo cristiano, ma pienamente umano;
economici: una proposta di opere dal valore assoluto (etico ed estetico) a costi accessibili a tutti.

Biblioteca Universale Cristiana: uno scrigno da cui trarre «cose antiche e cose nuove»; testi di credenti e non, con in comune il respiro dell'Assoluto.

buc

Fi[illegible] [illegible]are nel m[illegible] [illegible]r[illegible] 2012
pre[illegible] [illegible]eta S.p.a. [illegible] [illegible]egae - Padova
Printed in Ita[illegible]